LES
TROIS COUSINS

OU LE

PRIX DU TEMPS

PAR THÉOPHILE MÉNARD

TOURS

ALFRED MAME ET FILS, ÉDITEURS

BIBLIOTHÈQUE

DE LA

JEUNESSE CHRÉTIENNE

APPROUVÉE

PAR Mgr L'ARCHEVÊQUE DE TOURS

—

SÉRIE PETIT IN-8°

« Ma mère, j'ai péché contre le Ciel et contre vous ; daignez
me pardonner, car mon repentir est grand. »

LES
TROIS COUSINS

OU LE

PRIX DU TEMPS

PAR THÉOPHILE MÉNARD

Time is money.
Le temps est de l'argent.
(*Prov. anglais.*)

On n'est pas né pour la gloire lorsqu'on
ne connaît pas le prix du temps.
(Vauvenargue.)

TOURS

ALFRED MAME ET FILS, ÉDITEURS

—

M DCCC LXVI

1866

LES

TROIS COUSINS

———⊷———

CHAPITRE I

La famille de Noironte.

Le village de Noironte est situé dans une belle
et fertile vallée, entourée de coteaux peu élevés,
et propres également à la culture de la vigne et
des céréales. Une belle forêt couronne les plateaux
supérieurs, et contribue, en attirant les eaux
atmosphériques, à entretenir les sources nombreuses qui, sortant du flanc ou du pied des
collines, vont répandre la fraîcheur et la fécon-
dité dans la vallée, où elles se réunissent en un
ruisseau assez fort pour faire tourner plusieurs
moulins.

Tout ce qui constitue les bases de la richesse agricole, champs, prés, vignes, forêts, se trouve réuni dans ce petit canton isolé, à qui la nature semble avoir prodigué ses faveurs avec une partialité d'autant plus marquée, qu'elle les a refusées à la contrée voisine. En effet, tout le pays d'alentour, et jusqu'à une assez grande distance, est en général stérile et d'un aspect triste et monotone : espèce de désert dont le vallon de Noironte est en quelque sorte l'oasis.

Comme il arrive souvent aux enfants gâtés par la fortune ou par leurs parents, les habitants de Noironte n'ont pas su, pendant bien des années, profiter de tant d'avantages. Avec un sol beaucoup plus fertile, un climat plus doux et plus tempéré, ils étaient plus pauvres, plus grossiers, plus ignorants, plus paresseux surtout que leurs voisins, forcés pour vivre de cultiver une terre ingrate, et qui ne payait qu'à force de travail les soins qu'on lui donnait.

Plusieurs causes, qu'il serait trop long d'énumérer, avaient contribué à cet état de choses. La principale était l'isolement dans lequel vivait la population de cette vallée : nulle route, nulle voie importante de communication ne rattachait Noi-

ronte aux contrées voisines. Un seul chemin vici-
nal, assez mal entretenu, servait au transport des
denrées que les habitants des villages les plus
proches ou quelques marchands venaient acheter
dans ce pays; car rarement les Noirontais trans-
portaient les produits de leurs récoltes aux mar-
chés du voisinage. Chez eux le commerce était
nul; à peine était-il connu de nom. Leur vallée
produisait à peu près tout ce qui était nécessaire
à leurs besoins; ils disaient : « Nous pouvons nous
passer des autres, et eux ne peuvent se passer de
nous. »

A cette époque, c'est-à-dire avant la première
révolution, aucun habitant de la paroisse n'était
propriétaire de la moindre parcelle de terrain.
Tous les biens-fonds appartenaient pour la plus
grande partie au seigneur de Noironte, et pour le
reste à l'abbaye de C..., qui était obligée d'entretenir à Noironte un prêtre pour remplir les fonctions curiales. Ce prêtre, véritable *curé à portion
congrue*, comme on disait alors, — c'est-à-dire
n'ayant pour vivre qu'une modique pension an-
nuelle, — était presque aussi pauvre que ses
ouailles; ce qui ne l'empêchait pas d'exercer souvent envers elles des actes de charité, autant et

plus peut-être que ses moyens ne le lui permettaient. Ajoutons que, comme il n'y avait dans le
village ni auberge ni aucune maison un peu con-
fortable, si par hasard quelque étranger,— ce qui,
du reste, était fort rare, — s'avisait de visiter ce
pays, le bon curé s'empressait d'exercer de son
mieux envers lui les devoirs de l'hospitalité.

A un kilomètre environ du village, sur le penchant d'une colline, s'élevait l'ancien château des
barons de Noironte. Ce n'était, à proprement parler, qu'un rendez-vous de chasse, construit vers
1720 par un seigneur de ce nom sur l'emplacement
de l'ancien château féodal, tombé depuis longtemps en ruines. Ce seigneur, grand amateur de
chasse, venait y passer deux à trois mois chaque
année pour se livrer à cet exercice, car le pays
était extrêmement giboyeux. Mais après lui ses
héritiers ne reparurent plus à Noironte, soit que
les charges qu'ils occupaient à la cour les obli-
geassent à ne pas s'éloigner de Versailles, soit
plutôt que, possesseurs de domaines beaucoup
plus importants et plus voisins de Paris, ils ai-
massent mieux y passer la belle saison dans de
magnifiques résidences, que de venir s'enterrer
dans un pays perdu, où ils ne possédaient qu'une

habitation trop petite pour le train de maison d'un grand seigneur.

La terre de Noironte fut donc tout à fait négligée par ses propriétaires. Le château se dégradait, et serait tombé en ruines si l'intendant du baron n'avait eu soin d'en entretenir la toiture et le gros-œuvre, afin que l'intérieur pût lui servir de magasin pour resserrer les redevances en nature que payait chacun des tenanciers du domaine ; il s'était en outre réservé une chambre, qu'il habitait chaque année lorsqu'il venait toucher les redevances, le cens et les autres droits seigneuriaux dus à son maître. Le reste du temps le château n'était habité que par le concierge, qui était en même temps un des gardes-chasse du domaine.

Pendant bien des années les habitants de Noironte ne virent d'autres étrangers dans leur commune que cet intendant et le père procureur de l'abbaye de C..., qui venait aussi tous les ans recevoir les dîmes et revenus appartenant à son couvent. Si cet isolement n'était pas propre à aider au développement de leur intelligence, s'il les laissait dans une ignorance presque complète de ce qui se passait dans le reste du monde, du moins il

était favorable à la pureté de leurs mœurs et de
leurs sentiments religieux. Étrangers à la corrup-
tion du siècle, ils vivaient dans une simplicité
toute patriarcale; ils croyaient sans examen les
enseignements de l'Église qu'ils recevaient de la
bouche de leur digne pasteur. Si leur foi n'était
pas très-éclairée, elle n'en était pour cela ni
moins sincère ni moins vive; c'était, en un mot,
ce qu'on appelle la foi du charbonnier.

Mais la révolution vint bientôt apporter aussi à
ce petit coin de terre son contingent de trouble et
de désordre. Un jour on annonça aux habitants de
Noironte que l'abbaye de C... était fermée, et que
tous les biens qui lui avaient appartenu étaient
confisqués et allaient être vendus comme domaines
nationaux. Un autre jour on répandit la nouvelle
que la famille de Noironte était proscrite, et que
toutes ses propriétés étaient mises sous le séquestre.
Peu de temps après, leur bon curé, qu'ils aimaient
tant, fut arrêté et déporté pour avoir refusé de
prêter serment à la constitution civile du clergé,
et ils ne tardèrent pas à apprendre qu'il était
mort sur la terre étrangère.

Ces événements jetèrent les pauvres habitants
de Noironte dans la stupeur. Quelques étrangers

qui avaient acheté à vil prix les biens appartenant
à l'abbaye de C... situés sur le territoire de Noironte, et qui étaient venus en prendre possession,
avaient beau répéter à ces bonnes gens que désormais ils seraient libres et heureux puisqu'il n'y
aurait plus ni prêtres, ni moines, ni nobles, ils
ne comprenaient pas comment la proscription des
nobles et des prêtres pourrait les rendre plus libres
et plus heureux. Ils le comprirent bien moins encore quand ils virent leurs nouveaux propriétaires
mille fois plus exigeants que ne l'étaient les anciens, quand ils virent le nouveau gouvernement
les frapper d'impôts et de réquisitions de toute
nature, et quand on enleva les plus robustes de
leurs jeunes gens pour en faire des soldats, sous
prétexte d'aller défendre cette liberté qu'on leur
avait rendue, disait-on, et qu'eux ne savaient pas
avoir perdue.

A partir de ce temps, des relations plus fréquentes s'établirent entre les habitants du val de
Noironte et ceux des pays voisins. Des étrangers
vinrent se fixer dans la commune, attirés par la
salubrité du climat, l'abondance et le bon marché
des choses les plus nécessaires à la vie. De leur
côté, les Noirontais firent plus souvent des excur-

sions dans les villes voisines, où les appelaient
leurs intérêts où les ordres des autorités. Plus
tard, ceux des jeunes gens qui avaient servi et
qui n'avaient pas succombé sur les champs de
bataille rentrèrent au pays, rapportant avec eux
des idées nouvelles et des mœurs passablement
relâchées.

Toutes ces circonstances amenèrent un changement marqué dans les habitudes et dans les goûts
de la population de ce pays. Malheureusement il
n'y avait plus là leur bon curé pour maintenir ses
paroissiens dans la bonne voie, ou pour les y ramener quand ils s'en étaient écartés. Pendant près
de quinze ans aucun prêtre ne parut dans la commune; l'église resta fermée, et elle serait peut-
être tombée en ruines, si la toiture et les murs
n'eussent été entretenus par un des nouveaux
habitants du pays, qui l'avait louée pour en faire
un magasin à fourrage.

Si les Noirontais n'allaient plus à l'église, en
revanche ils allaient au cabaret; car le cabaret
était au nombre des innovations introduites parmi
eux depuis la révolution. En peu de temps il
s'était formé dans le pays trois ou quatre de ces
établissements, avec accompagnement de jeux de

boules, de quilles, et même de billard, bref, de tous les accessoires obligés de ces sortes de maisons, destinées à faciliter à ceux qui les fréquentent les moyens de perdre leur temps, leur argent, et souvent leur raison.

Cependant les derniers représentants de la famille seigneuriale de Noironte étaient rentrés en France, et ils avaient obtenu du gouvernement impérial — c'était en 1808 ou 1809 — de recouvrer la possession de ceux de leurs biens qui n'avaient pas été vendus pendant l'émigration. Or leur domaine de Noironte était le seul qui se trouvât dans ce cas. Quoique ce domaine fût la moindre de leurs anciennes possessions, quoique les revenus en eussent été considérablement diminués par la suppression de tous les droits féodaux qui y étaient attachés, tel qu'il était, avec ses magnifiques forêts, ses prairies, deux moulins et quelques belles fermes restées intactes, c'était un précieux débris échappé au naufrage d'une fortune autrefois colossale.

Cette famille se composait alors de Mme la baronne douairière de Noironte, dont le mari était mort en Angleterre pendant l'émigration ; de son fils aîné Louis, âgé de vingt-deux ans, et devenu

1*

par la mort de son père chef de la famille ; d'un
autre fils de dix-huit ans, appelé le chevalier de
Luzac ; de deux jeunes filles, dont l'une avait
quatorze ans, et l'autre douze ; enfin d'une cousine
de la baronne, chanoinesse de je ne sais plus quel
chapitre d'Allemagne, et qu'on appelait Mme de
Juvigny. Ayant perdu à la révolution toute sa
famille et toute sa fortune, Mme de Juvigny avait
été heureuse de trouver auprès de sa cousine une
hospitalité gracieuse, qu'elle s'efforçait toutefois
de payer en se rendant utile par tous les moyens
qu'elle pouvait imaginer. Ainsi elle remplissait
auprès de la baronne les fonctions de dame de
compagnie, d'intendante et même de femme de
charge, en même temps qu'elle se faisait l'insti-
tutrice de ses jeunes cousines. En dehors de la
famille, mais comme en faisant partie temporai-
rement, nous compterons encore l'abbé Poncelin,
précepteur des deux jeunes gens et aumônier de la
baronne, et en dernier lieu une femme de chambre,
une cuisinière, un cocher et un valet de pied, qui
composaient à eux quatre tout le domestique de la
maison.

Après avoir fait faire quelques réparations ur-
gentes au petit château de Noironte, bâti un siècle

auparavant, comme nous l'avons dit, pour servir
de rendez-vous de chasse, la baronne vint s'y
installer avec tout son monde. On y fut d'abord
un peu à l'étroit; mais, après les dures privations
d'un si long exil, la baronne était heureuse de
retrouver dans cette solitude un calme qu'elle
n'avait jamais connu, pas plus au milieu des gran-
deurs et des joies du monde que pendant les agitations des tempêtes révolutionnaires et les misères
de l'émigration.

Peu de temps après son arrivée à Noironte, la
baronne fit restaurer à ses frais l'église et le pres-
bytère du village, et obtint de l'évêque du diocèse
la nomination de l'abbé Poncelin à la cure de cette
paroisse. L'éducation de ses élèves étant à peu
près terminée, rien n'empêchait l'abbé d'exercer
ces fonctions, tout en continuant à venir souvent
au château, et à donner de temps en temps quelques leçons aux jeunes gens. Du reste, la tâche
dont il s'était chargé en acceptant la cure de Noironte se trouva moins difficile qu'on ne l'aurait pu
supposer en songeant que depuis le commencement
de la révolution cette cure était restée vacante, et
que bien des désordres, bien des préjugés contre
la religion avaient fait irruption dans cette pa-

roisse, autrefois si simple et si pieuse. Mais la
plupart des anciens habitants, des pères et des
mères de famille regrettaient amèrement la privation si prolongée des secours et des enseignements de la religion; aussi firent-ils un accueil
enthousiaste à leur nouveau curé, et leur exemple
exerça une influence salutaire sur le reste de la
population. Le zèle du nouveau pasteur seconda
ces bonnes dispositions, et, s'il ne parvint pas à
guérir complétement le mal, du moins il parvint
assez promptement à opérer une amélioration sen-
sible.

Quatre à cinq ans après l'installation de la baronne et de sa famille au château de Noironte,
l'Europe coalisée renversait le trône élevé par
Napoléon, et rendait à la France les princes de
la maison de Bourbon. Dès les premiers jours de
la restauration, Mme de Noironte envoya ses deux
fils à Paris pour offrir leurs hommages au roi
Louis XVIII. Tous deux reçurent de ce prince,
qui avait connu leur père dans la bonne et dans
la mauvaise fortune, l'accueil le plus flatteur ; tous
deux furent admis, sur leur demande, dans une
des compagnies des gardes du corps, et leur avan-
cement y fut rapide. Quatre ans après leur entrée

aux gardes, le jeune baron fut nommé capitaine dans les chasseurs de la garde, et le chevalier de Luzac lieutenant dans le même régiment. Après la campagne d'Espagne de 1823, à laquelle l'un et l'autre avaient pris part avec distinction, l'aîné était nommé colonel de cuirassiers, et le cadet chef d'escadron dans un régiment de dragons.

Souvent les deux frères avaient sollicité leur mère de revenir à Paris, de se présenter à la cour, où elle retrouverait d'anciennes connaissances, et où elle reprendrait le rang qui lui était dû ; mais elle avait constamment résisté à leur demande, déclarant qu'elle voulait finir ses jours dans la solitude, où elle avait trouvé le repos après tant d'agitations. En effet, rien n'était plus calme, plus paisible que la vie de la baronne, uniquement occupée, avec sa cousine la chanoinesse, de l'éducation de ses filles et des bonnes œuvres qu'elle accomplissait dans le village. Elle avait fondé une école de jeunes filles, qu'elle visitait souvent, les encourageant au travail et à la bonne conduite par des paroles toutes maternelles, et de temps en en temps par des récompenses.

Ses fils, n'ayant pu attirer leur mère à Paris, venaient passer auprès d'elle tout le temps des congés qu'ils obtenaient. Dans un de ces voyages, le jeune baron voulut, à l'exemple de sa mère, fonder une école de garçons. Il s'entendit à ce sujet avec M. le curé, son ancien instituteur, auquel il confia l'organisation et la surveillance spéciale de cette école. La mère applaudit à l'idée de son fils, et voulut y concourir elle-même en se chargeant de donner une prime aux enfants qui fréquenteraient le plus assidûment l'école.

D'autres bienfaits, que nous ne ferons qu'indiquer sans entrer dans aucun détail, tels que des secours accordés à de pauvres nécessiteux, des médicaments envoyés à de pauvres malades, etc., contribuaient à faire aimer la famille de Noironte, et appelaient sur elle de la part des habitants les bénédictions du Ciel.

Ces vœux des bons villageois parurent bientôt devoir se réaliser en effet; on annonça que la baronne et ses enfants allaient toucher une forte part, — plus d'un million, disait-on, — dans l'indemnité accordée aux émigrés, en même temps que les deux jeunes gens allaient faire chacun un brillant mariage.

« Tant mieux, disaient ces bonnes gens; plus

ils seront riches, plus nous nous en ressentirons. »

Mais leur joie se changea bientôt en tristesse quand ils apprirent que la baronne allait se rendre avec toute sa famille à Paris, où les deux mariages devaient se célébrer. Elle s'était décidée effectivement, mais seulement à cause de cette circonstance importante, à faire le voyage de Paris, et avec la ferme résolution de revenir dans son *ermitage*, comme elle disait, aussitôt la cérémonie terminée. Elle s'empressa de rassurer les braves gens qui lui témoignaient la crainte de ne pas la voir revenir; toutefois elle ne parvint que difficilement à dissiper leurs inquiétudes.

Le jeune baron épousait Mlle de Marville, fille d'un pair de France, et dont le frère, depuis peu maréchal de camp, était un ancien camarade du colonel de Noironte. Le chevalier de Luzac épousait une demoiselle de Nonnoy, fille unique d'un des plus riches seigneurs de Normandie. Le roi signa au contrat des deux frères, qui reçurent à cette occasion l'un le brevet de maréchal de camp, et l'autre celui de colonel. Enfin, à quelque temps de là, ces deux mariages furent suivis d'un troisième : le général de Marville épousa l'aînée des

demoiselles de Noironte, dont il avait fait la connaissance au mariage de sa sœur avec le frère de
celle-ci.

La plus jeune des demoiselles de Noironte,
Mlle Henriette, fut aussi recherchée en mariage
vers cette époque; mais, malgré les instances de
sa famille, elle refusa tous les partis qui se pré-
sentèrent. Elle préférait, disait-elle, rester libre
pour ne pas quitter sa mère, qui par le mariage
de sa sœur et de ses frères allait se trouver séparée de ses autres enfants. Un autre motif encore
lui faisait rejeter toute proposition de mariage :
elle se sentait une vocation décidée pour le couvent, et elle serait immédiatement entrée en religion si elle n'eût pas craint d'affliger sa mère, que
cette détermination eût vivement contrariée. Elle
revint donc, après les trois mariages, habiter Noironte avec sa mère et sa cousine la chanoinesse;
et toutes trois elles reprirent avec une ardeur
nouvelle l'exercice de leurs bonnes œuvres, inter-
rompu pendant une absence qui s'était prolongée,
au delà de leur prévision.

Plusieurs années s'étaient ainsi paisiblement
écoulées, quand la révolution de juillet 1830 vint
jeter dans la famille de Noironte le trouble et la

désolation. Les deux frères refusèrent de se sou-
mettre au nouveau gouvernement, et donnèrent
leur démission de tous leurs emplois. Presque en
même temps on reçut la nouvelle de la mort du
général de Marville, qui avait fait la campagne
d'Alger, et qui, après avoir été grièvement blessé
au combat de Sidi-Ferruch, avait succombé, quelques jours après la prise d'Alger, aux suites de ses
blessures. Mme de Marville était sur le point d'ac-
coucher quand elle apprit la mort de son mari;
cette affreuse nouvelle, jointe au bouleversement
que lui avait occasionné la révolution qui venait
d'éclater à Paris, avancèrent son terme. Elle mit
au monde un enfant qui ne vécut que tout juste
le temps nécessaire pour recevoir le baptême, et
la pauvre mère succomba elle-même peu de jours
après.

La double perte de sa sœur, qu'il aimait tendrement, et de son meilleur ami le général de
Marville, son beau-frère, affecta douloureusement
le baron de Noironte. Il restait de leur union un
jeune enfant à peine âgé de trois ans, dont le baron
était parrain. Lui-même avait un fils à peu près
du même âge; il résolut d'adopter son neveu et
de l'élever avec son fils, comme s'ils eussent été

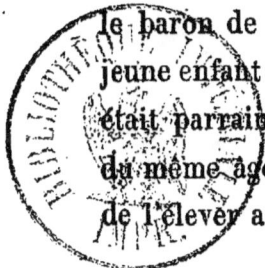

les deux frères. Maintenant qu'il était rendu à la vie privée, il résolut de se consacrer exclusivement à l'éducation de ces deux enfants et, pour s'y livrer avec plus de calme, d'aller habiter le château de Noironte. Il avait fait faire, depuis plusieurs années, des agrandissements considérables à ce château, ou plutôt il en avait fait construire un nouveau à côté de l'ancien, et qui communiquait avec lui. Il vint donc, au mois de septembre 1830, s'installer avec sa femme, ses deux enfants, — son fils et son neveu, — et une suite nombreuse, dans les bâtiments nouvellement construits, et qui pouvaient loger facilement beaucoup plus de monde encore.

Le fils du baron se nommait Edmond; son neveu avait nom Lucien. Comme ce sont les deux principaux personnages de cette histoire, il est temps que nous fassions connaissance avec eux.

CHAPITRE II

Les trois cousins.

La vieille douairière de Noironte accueillit avec une joie mêlée de larmes ses deux petits-fils, surtout Lucien, dans les traits duquel elle croyait retrouver une partie de ceux de sa chère Louise, Mme de Marville. Mlle Henriette combla de caresses ses deux neveux, tout en montrant peut-être plus de sympathie à celui qui était orphelin. La jeune baronne de Noironte, — ou Mme Louis, comme on l'appelait simplement pour la distinguer de sa belle-mère la douairière, — n'était point jalouse de cette préférence donnée à Lucien sur son fils. « Il est bien juste, disait-elle, que le pauvre enfant, qui n'a plus de mère, en retrouve une dans ses plus proches parentes. » Et elle-même semblait confondre les deux enfants dans les mêmes témoignages d'affection.

Pendant les premières années de son séjour à Noironte, le baron abandonna, pour ainsi dire, l'éducation de son fils et de son neveu à sa femme, à sa mère et à sa sœur, car Lucien et Edmond étaient encore à cet âge où les enfants ont besoin de soins que la tendresse maternelle et des attentions toutes féminines peuvent seules leur donner, à cet âge où, tout en veillant au développement des forces physiques de son enfant, une mère jette déjà dans son âme les premières idées de Dieu et de la religion, lui apprend à bégayer une courte prière et à essayer avec sa petite main de former sur son front, sur sa poitrine et sur ses épaules le signe de notre rédemption.

A mesure que les enfants grandissaient et se fortifiaient en respirant l'air pur de la campagne, M. de Noironte suivait avec intérêt leurs progrès, cherchant à reconnaître dans leurs jeux, dans leur langage, les indices de leurs qualités et de leurs défauts, afin de s'attacher de bonne heure à développer les unes et à corriger les autres.

Quand ils eurent atteint l'âge de sept ans, il s'occupa plus spécialement de leur éducation.

Secondé activement par son ancien précepteur,
M. le curé Poncelin, il leur donna les premiers
éléments des connaissances humaines, tandis que
l'abbé leur enseignait les principes de la religion.

Il y avait de grandes différences dans le caractère et dans les dispositions naturelles des deux
cousins. Edmond était plus vif, plus spirituel,
d'une intelligence plus prompte que Lucien ; celui-
ci, plus sérieux, plus réfléchi, ne saisissait pas
avec autant de facilité les leçons de ses maîtres ;
mais il les retenait d'une manière plus sûre quand
il les avait comprises, tandis qu'Edmond les retenait souvent sans les comprendre : on peut dire
que l'un avait la mémoire des mots, et l'autre la
mémoire des choses.

En se servant avec habileté de ces dispositions,
M. de Noironte fit faire à ses élèves des progrès
rapides. Mais au bout de deux à trois ans il comprit que ni lui ni son ancien précepteur ne suffiraient à la tâche qu'ils s'étaient imposée. D'un
côté, le bon abbé Poncelin commençait à se faire
vieux, et les devoirs qu'il avait à remplir comme
curé prenaient la plus grande partie de son temps
et ne lui permettaient d'en consacrer qu'une faible
partie aux deux cousins. D'un autre côté, M. de

Noironte ne se sentait pas en état de continuer
seul et de compléter l'instruction et l'éducation
de ses enfants. D'ailleurs il pensait que l'éducation
privée, fort convenable pour des filles, ne l'était
pas autant pour des garçons ; que ceux-ci, destinés
à une vie plus répandue, devaient être mis de
bonne heure en contact avec leurs semblables ;
que c'était un moyen d'exciter leur émulation, et
de leur faire perdre cette timidité et cette espèce
de sauvagerie que conservent longtemps après
leur entrée dans le monde les jeunes gens élevés
uniquement dans l'intérieur de la famille. C'était
ce qui lui était arrivé à lui-même et à son frère
lorsqu'ils étaient entrés aux gardes du corps, et il
se rappelait encore avec amertume combien de
désagréments leur avait causés ce manque d'ini-
tiation préparatoire à la vie en commun que peut
seule donner l'éducation publique.

Ces réflexions l'eussent déterminé facilement à
mettre ses enfants dans un collége, si ce projet
n'eût été vivement combattu par sa mère, par sa
femme et par sa sœur. Aux arguments qu'il faisait valoir en faveur de l'éducation publique, ces
dames répondaient en montrant les dangers qu'of-
frait cette même éducation sous le rapport des

mœurs et des principes religieux, surtout depuis
qu'on avait supprimé les grands établissements
tenus par des ecclésiastiques et qui s'étaient for-
més sous la restauration. « Votre père, ajoutait
la baronne, avait les mêmes idées que vous sur
l'éducation publique; je partageais jusqu'à un
certain point ses sentiments sur ce sujet, et si,
à notre rentrée en France, nous avions trouvé un
établissement qui nous eût offert toutes les garan-
ties convenables, nous n'eussions pas hésité à lui
confier votre éducation et celle de votre frère;
mais il n'existait alors que des lycées ou des
colléges dépendants du gouvernement de Bona-
parte, où l'on n'enseignait d'autres principes
qu'une obéissance absolue envers le maître, où
l'on élevait les jeunes gens non pour en faire
des citoyens ou des chrétiens, mais des soldats;
nous nous sommes bien gardés alors de vous placer dans de tels établissements. Nous avons continué à vous conserver auprès de nous, et à vous
donner des leçons de loyauté et de ce culte des
souvenirs si cher aux vrais gentilshommes français, tandis que de son côté le digne abbé Poncelin continuait à vous enseigner les belles-lettres,
l'histoire et la religion. Sans doute vous vous êtes

trouvés un peu neufs quand vous avez été lancés
dans le monde; mais cela tenait plus à l'isolement
dans lequel vous aviez vécu qu'à la manière même
dont vous aviez été élevés, et plus d'un jeune
homme en sortant du collége est tout aussi gauche,
tout aussi embarrassé que vous avez pu l'être, en
se présentant dans le monde; car il ne faut pas
croire qu'on apprenne au collége les usages ni le
ton de la bonne compagnie. Du reste, cette timidité ne messied pas à un jeune homme, elle ne
saurait même lui nuire, et, pour votre compte, elle
ne vous a pas, que je sache, empêché de faire un
chemin rapide et brillant; et Dieu sait, ajouta-
t-elle en poussant un profond soupir, jusqu'où
vous seriez arrivé si la révolution n'était venue
encore une fois briser votre carrière!

« Pour en revenir à nos enfants, si l'on n'eût
pas supprimé les grands établissements tenus par
des ecclésiastiques et fondés sous la restauration
à Saint-Acheul, à Dôle et ailleurs, je serais la première à vous engager à y placer votre fils et votre
neveu, parce que je n'hésite pas à reconnaître que
l'éducation publique, telle qu'elle était donnée
dans ces maisons, est préférable à l'éducation
privée; mais malheureusement vous vous trouvez

dans une position tout à fait semblable à celle où nous nous sommes trouvés nous-mêmes quand il s'est agi de votre éducation : il n'existe maintenant d'autres établissements d'instruction publique que les collèges dépendant du gouvernement actuel, et j'avoue que j'aurais plus de répugnance à lui confier l'éducation de mes enfants qu'au gouvernement même de l'usurpateur. »

Quand même M. de Noironte n'eût pas été de l'avis de sa mère, il avait pour elle une déférence trop grande pour se permettre de la contredire ; mais il partageait entièrement ses idées à l'égard de la monarchie de juillet, et lorsqu'il avait pensé à mettre ses enfants dans une maison d'éducation, il n'avait jamais eu l'idée de les confier à un collège royal ou communal. On parlait bien alors d'un collège catholique fondé en Suisse à l'instar de ceux qu'on avait supprimés en France ; mais il lui répugnait de s'expatrier de nouveau, — car ni lui ni sa femme n'auraient voulu se séparer de leurs enfants, — et les pénibles souvenirs qui lui étaient restés de la terre étrangère l'empêchèrent de s'arrêter à cette idée.

Il était donc revenu à l'idée de chercher un bon précepteur, et déjà même il avait écrit à Paris à ce sujet, lorsque son frère, le chevalier de Luzac, avec sa femme et ses trois enfants, — un fils un peu plus jeune que Lucien, et deux filles de quatre à six ans, — arrivèrent au château de Noironte.

Les deux frères ne s'étaient pas vus depuis la révolution de juillet 1830, c'est-à-dire depuis environ six ans. Le chevalier habitait depuis cette époque une belle terre de sa femme située en Normandie, et, quoiqu'il eût fait souvent le projet de venir visiter sa famille à Noironte, il en avait toujours été empêché par des obstacles imprévus. La baronne connaissait à peine sa bru, qu'elle n'avait pas revue depuis l'époque de son mariage; quant à ses trois petits-enfants, issus de cette union, elle ne les connaissait que de nom, et d'après les portraits que son fils le chevalier lui en faisait dans ses lettres. La tante Henriette ne connaissait pas davantage sa belle-sœur de Luzac, ni son neveu, ni ses petites nièces; aussi nous n'avons pas besoin de dire avec quelle joie cette jeune famille fut reçue au château, et quelles fêtes célébrèrent son arrivée.

Quand le calme eut succédé aux premiers transports, le baron dit à son frère :

« C'est fort heureux qu'enfin tu te sois décidé

à venir nous voir ; je ne comptais plus du tout sur
ta visite.

— Cependant ma dernière lettre te l'annonçait
formellement.

— C'est vrai ; mais tu m'avais déjà tant de fois
leurré de cet espoir, que je m'attendais encore à
une déception, et je me disais : Ma foi, je commence à croire que depuis que mon frère s'est
fixé en Normandie, il est devenu Gascon.

— Merci du compliment.

— Il n'y a pas de quoi ; mais parlons sérieusement. Ta dernière lettre contient, avec la pro-
messe de venir nous voir sous peu, une phrase
que nous n'avons pas comprise. Tu dis que tu
voulais, avant de te séparer de ton fils Adhémar,
lui faire faire la connaissance de sa bonne maman ;
est-ce que tu as le projet de faire un voyage de
long cours ? ou bien est-ce Adhémar que tu veux
engager comme mousse dans la marine ? Donne-
nous le mot de cette énigme.

— Il est fort simple : je me propose de mettre
Adhémar au collége, et je ne voulais pas prendre
cette grave détermination sans en faire part à
ma mère et à toi, d'autant plus que dans une de

tes dernières lettres tu paraissais assez disposé à placer Edmond et Lucien dans une maison d'éducation; seulement ce qui te retenait, ce qui surtout effrayait ma mère, c'était la difficulté de trouver, par le temps qui court, un établissement où les enfants reçussent une éducation basée sur les vrais principes de la religion et de la morale, en même temps qu'une instruction solide; eh bien, mon cher Louis, j'ai trouvé un établissement de ce genre, et c'est là que j'ai l'intention de placer mon fils.

— Et quel est cet établissement?

— C'est le collége de Pont-le-Voy, bourg situé dans le voisinage de Blois, sur le plateau qui sépare la Loire du Cher.

— Je n'en ai jamais entendu parler; du reste, ce n'est pas étonnant, attendu la solitude dans laquelle nous vivons. Mais je connais tes principes, et, pour que tu te sois déterminé à y placer ton fils, il faut que tu aies été satisfait en tout point des renseignements que tu as recueillis.

— Ces renseignements m'ont été fournis par plusieurs familles que tu connais toi-même, et qui y ont leurs enfants. C'est, entre autres, le

comte C..., que tu as connu dans la garde royale,
et qui y a trois de ses fils; le colonel de B...,
notre ancien camarade des gardes du corps; le
vicomte de L..., Mme la marquise d'O..., veuve
du lieutenant général qui nous commandait en
Espagne, etc. etc. Enfin que te dirai-je de plus?
Il y a dans ce collége quatre cents jeunes gens
appartenant pour la plupart aux meilleures familles des provinces de l'ouest, du centre et du
sud-ouest de la France. Si nous y plaçons nos
enfants, nous sommes sûrs qu'ils ne se trouveront
en rapport qu'avec des jeunes gens de leur condition, avec lesquels ils formeront des liaisons
qu'ils seront peut-être heureux de continuer plus
tard dans le monde. »

Avec les dispositions que nous connaissons à
M. de Noironte, on conçoit qu'il entrât sans peine
dans les idées de son frère. Du reste, la question
fut de nouveau agitée en famille, et, après un
mûr examen, il fut décidé que les trois cousins
seraient conduits ensemble au collége de Pont-
le-Voy au mois d'octobre suivant, époque de la
rentrée. Il fut en outre décidé que pendant tout
le temps que durerait leur éducation, quelqu'un
de la famille, — soit le baron et sa femme, soit

M. et Mme de Luzac, soit même la bonne maman,
dans le cas où sa santé le lui permettrait, — irait
habiter le bourg de Pont-le-Voy, afin d'être toujours à portée d'avoir des nouvelles des enfants,
de veiller sur eux, sur leur santé, sur leurs progrès, et de tenir la famille au courant de tout ce
qui pourrait intéresser ces êtres chéris.

Cette décision ne fut pas prise sans une certaine émotion, je dirais presque sans une certaine crainte, par les grands parents; mais elle
fut accueillie avec des transports de joie par les
trois jeunes gens. Quand Adhémar avait annoncé
à ses cousins qu'il allait entrer au collége, ceux-ci
avaient exprimé le désir de l'accompagner, et
cette manifestation des enfants n'avait peut-être
pas été sans influence sur la décision des parents.

M. de Noironte et son frère voyaient avec plaisir
l'union qui régnait entre les trois cousins, et ils
ne demandaient pas mieux que cette liaison si
nouvelle, — car Adhémar ne connaissait pas Edmond ni Lucien avant son voyage de Noironte, —
se fortifiât avec le temps, et devînt une amitié
solide et toute fraternelle.

Adhémar, comme nous l'avons dit, était un

peu plus jeune que ses cousins; il était aussi plus
petit, et avait quelque chose de plus enfantin.
Moins vif, moins spirituel qu'Edmond, moins
sérieux et moins réfléchi que Lucien, c'était un
gros garçon joufflu, aux joues fraîches et roses
comme une belle pomme de Normandie, toujours
disposé à rire, mais pleurant aussi facilement; du
reste, cœur excellent, expansif, affectueux, il se
faisait aimer de tous ceux qui se trouvaient en
rapport avec lui. Il avait été gâté par sa mère,
qui, pendant longtemps n'ayant eu que lui d'enfant, se plaisait à l'élever auprès d'elle, — sous
prétexte que sa santé était faible, — avec ces soins
minutieux et délicats qui conviennent mieux à
une jeune fille qu'à un garçon. De là étaient ré-
sultées dans ce gros joufflu une mollesse de caractère et des habitudes enfantines qui se prolon-
geaient outre mesure.

Le chevalier de Luzac avait bien eu l'idée, à
l'exemple de son frère, de se charger directe-
ment de l'éducation de son fils lorsqu'il eut atteint
sa septième année; mais peut-être se défiait-il de
lui-même, et ne se sentait-il pas l'aptitude nécessaire pour remplir une telle tâche; il la confia
donc d'abord à un précepteur. C'était un jeune

abbé sorti récemment du séminaire : il était, disait-on, fort instruit; mais il était aussi timide que son élève. On eût dit qu'il tremblait en lui donnant sa leçon, et jamais il n'osait le contredire ou le réprimander, de peur de le contrarier et de contrarier sa mère; car Mme de Luzac avait expressément recommandé au pauvre abbé de ménager son fils, de prendre bien garde de le surcharger d'ouvrage et de le fatiguer par une application trop soutenue.

Le résultat de ce mode d'éducation fut qu'au bout de deux ans Adhémar n'était pas plus instruit que le premier jour. Ce fut alors que le chevalier, voulant soustraire son fils aux conséquences funestes de cette éducation par trop efféminée, résolut de le mettre au collége, et qu'il fit choix de Pont-le-Voy. Ce ne fut pas sans peine qu'il triompha de l'opposition de Mme de Luzac, qui ne voulait pas consentir à s'éloigner de son fils, non par le même motif qui empêchait Mme de Noironte de confier Edmond et Lucien à des établissements publics, mais uniquement parce qu'elle prétendait qu'Adhémar était trop faible pour être séparé de sa mère et vivre de la vie de pension. Son mari finit par lui faire entendre raison;

toutefois elle ne donna son consentement qu'à condition que les deux cousins d'Adhémar entreraient avec lui dans le même collége. Dans sa sollicitude maternelle elle pensait que ses neveux, étant un peu plus âgés et plus forts que son fils, seraient ses protecteurs naturels. Sous ce rapport, M. de Luzac partageait l'avis de sa femme ; il souscrivit donc sans peine à la condition qu'elle mettait à son consentement, espérant, d'après les lettres qu'il avait reçues récemment de son frère, pouvoir facilement le déterminer à suivre son exemple. Il partit avec sa famille pour Noironte, sans faire connaître à son frère le véritable but de son voyage, persuadé que les choses s'arrangeraient plus facilement de vive voix que par correspondance.

Tout se passa comme il l'avait prévu ; et, après un séjour de deux mois au château de Noironte, — temps pendant lequel l'intimité s'était resserrée entre les trois cousins au point qu'il eût été difficile maintenant de les séparer sans leur causer un violent chagrin, — le baron et sa femme, M. et Mme de Luzac partirent avec les trois enfants pour Pont-le-Voy.

2*

CHAPITRE III

Au collége.

Les trois cousins furent placés dans la division ou, comme on disait, dans la *cour* des petits. Le collége comprenait trois grandes divisions ou *cours* : celle des grands, celle des moyens et celle des petits ; celle-ci se subdivisait encore en cour des *minimes* ou des plus petits, ce qui formait une quatrième division.

Chaque division ou cour formait une sorte de collége à part, ayant ses classes, ses salles d'étude, ses réfectoires, ses dortoirs séparés, et sans communication avec les autres divisions.

Le collége de Pont-le-Voy comptait à cette époque (1835-36) trois à quatre cents pensionnaires, qui recevaient dans cet établissement un enseignement complet dans toutes les parties des lettres et des sciences. Les arts d'agrément, la musique vocale et instrumentale, le dessin, les exercices gymnastiques, l'équitation, l'escrime, la danse, etc., y étaient également enseignés avec succès.

MM. de Noironte et de Luzac trouvèrent en arrivant plusieurs familles de leur connaissance installées à Pont-le-Voy pour le même motif qui les avait décidés à s'y fixer eux-mêmes au moins pour quelque temps. Cette circonstance les détermina à prolonger leur séjour dans ce pays, sûrs qu'ils étaient maintenant d'y trouver une société agréable, qui leur en rendrait la résidence moins ennuyeuse qu'ils ne l'avaient craint. De leur côté, les enfants s'accoutumèrent plus facilement que les parents ne l'avaient espéré au régime du collége, grâce aux nombreux camarades de leur âge, avec lesquels ils formèrent de promptes liaisons, tout en restant toujours unis entre eux d'une manière plus intime.

Nous n'avons pas, comme on le pense bien, l'intention de suivre pas à pas les trois cousins pendant les sept à huit années qu'ils passèrent au collége. Nous dirons seulement que tous les

trois s'y distinguèrent, à des titres divers, comme
de très-bons élèves.

Adhémar, perdant peu à peu ses manières enfantines, se mit assez promptement au niveau de
ses camarades, et se plia sans trop de difficulté
au joug de la discipline. Il se montra toujours
docile, appliqué, attaché à ses maîtres, dont il
se faisait aimer, ainsi que de ses condisciples, par
la bonté de son cœur et la douceur de son caractère; mais son esprit lent, son intelligence tar-
dive, ne lui permirent pas de faire de grands
progrès dans ses études classiques. Jamais il n'obtint les premières places dans ses compositions;
plusieurs fois son nom figura dans les dernières,
mais habituellement il se soutenait à peu près
in medio. Du reste, personne n'était tenté de lui
adresser de reproches à cause de ses non-succès,
car on ne pouvait les attribuer à la paresse ni à
la mauvaise volonté; le pauvre enfant travaillait,
au contraire, consciencieusement et avec courage,
et l'on comprenait que ce n'était pas sa faute s'il
ne réussissait pas mieux. Cependant on aurait
tort d'en conclure qu'il fût idiot : loin de là;
s'il éprouvait des difficultés à *mordre*, comme on
dit, au grec et au latin, s'il ne saisissait pas tou-

jours le sens de tel ou tel auteur, si la mémoire
lui faisait souvent défaut, et s'il ne retenait qu'a-
vec peine ce qu'il lisait ou ce qu'il entendait de
la bouche de ses professeurs, par une sorte de
compensation dont on ne pouvait se dispenser de
lui tenir compte, il était doué d'un bon sens remar-
quable, d'une grande élévation de sentiments, et
surtout d'un grand fonds de piété. A mesure qu'il
avançait en âge, il étonnait souvent ses maîtres,
ses condisciples et les personnes qui le connais-
saient, par la justesse et l'à-propos de ses observations, la profondeur de ses réflexions et la
rectitude de ses jugements. On pressentait que
s'il n'était pas un jour un grand latiniste, ni un
littérateur, ni un savant; si enfin il n'y avait pas
en lui l'étoffe d'un bachelier, il y avait du moins
l'étoffe d'un homme, d'un chrétien, qui tiendrait
d'une manière honorable et utile sa place dans la
société.

Ajoutons encore un détail qui achèvera de nous
donner une idée des contrastes de ce caractère.
Si Adhémar montrait peu d'aptitude pour les
études sérieuses, il n'en était pas de même pour
les arts d'agrément, notamment le dessin et la
musique. Pendant les sept années qu'il a passées

au collége, je ne crois pas qu'à la distribution
des prix il ait jamais obtenu le moindre accessit
dans ses classes; mais deux ou trois ans de suite
il a eu le premier prix de violon et le second prix
de paysage.

Edmond de Noironte formait avec son cousin
Adhémar de Luzac le constraste le plus complet.
Autant celui-ci était lent et même pesant dans
ses habitudes et jusque dans son langage, — car
le jeune de Luzac avait dans son parler l'accent
lourd et traînard des Normands, — autant celui-
là était vif, pétulant, prompt à la riposte, et
s'exprimant avec une volubilité qui allait parfois
jusqu'au bredouillement. Doué d'une grande facilité, d'une excellente mémoire, son intelligence
saisissait rapidement, devançait même souvent
les explications de ses professeurs. Malheureusement la réflexion ne mûrissait pas suffisamment
ces notions si rapidement acquises; il oubliait
presque aussi facilement qu'il apprenait; son
cerveau était, pour ainsi dire, comme le tonneau
des Danaïdes, qui se vidait à mesure qu'on le
remplissait. Lorsque son cousin Lucien l'enga-
geait à s'appliquer davantage à retenir ce qu'il
apprenait :

« Bah ! répondait Edmond, j'aurai plus tôt fait de l'apprendre une seconde fois. »

Comptant sur son étonnante facilité, il ne travaillait jamais ses devoirs, ou n'apprenait ses leçons qu'au dernier moment. Il passait une partie des heures consacrées à l'étude soit à des lectures frivoles, soit même à s'amuser à des enfantillages, à jouer avec des mouches, des hannetons, ou même des souris, qu'il avait apprivoisées et qu'il logeait dans son pupitre. Si Lucien, son voisin, lui disait :

« Travaille donc ; tu vas être en retard.

— J'ai le temps, » répondait-il invariablement.

Et un quart d'heure, souvent quelques minutes avant que la cloche sonnât la fin de l'étude, il se mettait avec ardeur à la besogne.

Cependant il se trouvait presque toujours en mesure : ses devoirs étaient terminés, ses leçons étaient sues quand on l'interrogeait. Il est vrai que ses devoirs portaient souvent la trace de la précipitation avec laquelle ils avaient été fabriqués ; que, comptant trop sur sa mémoire, souvent elle lui faisait défaut au milieu de la récitation de ses leçons; alors c'étaient des reproches et parfois des punitions de la part du professeur. Edmond convenait de ses torts, et promettait à Lucien de se corriger. Pendant un jour ou deux il travaillait avec ardeur; ses devoirs étaient signalés par le professeur comme des meilleurs de la classe; il récitait de longs morceaux de prose ou de poésie, soit latine, soit française, sans hésitation, sans omettre une syllabe, et en donnant à son débit le ton et les inflexions convenables. Puis le lendemain il recommençait à baguenauder et à perdre son temps à des puérilités. Toutefois, les jours de composition, si le sujet lui plaisait, il travaillait plus sérieusement que d'habitude, et dans ce cas-là il était rare qu'il n'obtînt pas la première ou l'une des premières places.

Il en était de même quand arrivaient les compositions pour les prix et les examens de fin d'année. Il se mettait pendant plusieurs jours à travailler avec une sorte d'ardeur fiévreuse, et chaque année il remportait deux ou trois premiers prix, autant de seconds, sans parler de nombreux accessit.

Dans ces solennités, son nom était proclamé

au milieu des applaudissements enthousiastes
d'une nombreuse et brillante assemblée. C'était
sans doute en partie pour jouir de ce triomphe
qu'Edmond faisait un effort sur lui-même pour
se livrer à un travail soutenu de quelques jours ;
mais c'était avant tout pour procurer un instant
de bonheur à son père et à sa mère, qui ne
manquaient jamais d'assister à ces fêtes, et qui
étaient plus heureux de l'ovation dont leur fils
était l'objet que celui-ci ne l'était lui-même ; car,
nous devons le dire à sa louange, s'il n'était pas
un aussi bon écolier qu'on eût pu le désirer,
c'était un excellent fils. Enfin, — et il faut bien
l'avouer, — c'était aussi un peu pour atténuer
l'effet de certaines notes sur sa conduite habituelle pendant l'année, sur la négligence qu'il
apportait dans son travail, etc. etc. Comment
pouvoir gronder pour des peccadilles un enfant
qui rapportait cinq ou six prix ? Les mauvaises
notes ne disparaissaient-elles pas sous les couronnes ? Et sous ce rapport Edmond ne se trom-
pait jamais dans son calcul.

Adhémar, qui lui aussi était un fils modèle,
un fils rempli d'amour pour ses parents, n'avait
pas, comme ses cousins, la consolation d'offrir

aux siens les prix qu'il avait remportés, ni de leur procurer le bonheur d'entendre son nom acclamé par la foule; mais ses notes étaient irréprochables. *Tenue, conduite, travail, piété,* etc., ces mots figuraient dans tous ses bulletins toujours accompagnés de : *Tres-bien, très-bien.*

Un jour que, les larmes aux yeux, il témoignait à son père le regret de ne pouvoir obtenir des prix comme ses cousins, M. de Luzac lui dit affectueusement :

« Console-toi, mon fils, de ce petit malheur; entre nous, — je te le dis bien bas, mais bien sérieusement, — j'aime mieux te voir de bonnes notes que des prix, qui souvent ne prouvent pas grand'chose; et, pour mon compte, je préfère de beaucoup ces quatre feuilles de papier, — c'étaient les bulletins trimestriels de son fils qu'il tenait à la main, — à tous les prix et accessit qu'ont obtenus tes cousins.

— Merci, mon père, de votre indulgence, répondit Adhémar; mais si à ces bulletins je pouvais comme eux joindre quelques couronnes, j'en serais bien heureux, surtout pour vous et pour ma bonne mère, à qui cela causerait tant de plaisir !

— J'en conviens, mon ami, reprit en souriant M. de Luzac, mais il ne faut pas être trop exigeant; l'essentiel est de remplir ses devoirs en conscience, et sous ce rapport je n'ai pas à me plaindre de toi. « Fais ce que dois, avienne que « pourra, ou plutôt ce que Dieu voudra, » telle était la devise de nos pères, telle doit être la nôtre. Sans doute nous serions heureux de te voir tout à la fois, comme ton cousin de Marville, remplir avec zèle tous tes devoirs et obtenir de brillants succès; mais on ne peut tout avoir, et si toi tu as pour t'encourager et pour t'applaudir des parents qui t'aiment tendrement, lui, le pauvre orphelin, n'a ni un père ni surtout une mère qui sourient à son triomphe et doublent son bonheur en le partageant.

— Oh! ça c'est bien vrai, papa, ce que vous dites, et j'y ai déjà bien pensé. Combien ce cher Lucien serait plus heureux s'il avait là son père et sa mère pour l'embrasser en le couronnant! Mais du moins il a vous, maman, mon oncle et ma tante de Noironte, qui l'aiment aussi bien tendrement.

— Sans doute nous l'aimons tous comme s'il était notre enfant; mais nous avons beau faire, nos caresses ne sauraient remplacer pour lui celles de son père et de sa mère. »

D'après ce fragment de conversation intime entre le chevalier de Luzac et son fils, nous pouvons voir que Lucien de Marville avait tenu au collége les promesses que semblait annoncer sa première éducation sous la direction de son oncle le baron de Noironte.

Lucien, comme nous avons déjà pu le remarquer, était un esprit beaucoup moins brillant, mais aussi beaucoup plus sérieux et plus solide qu'Edmond. Il avait au moins autant de bon sens et de jugement que son cousin Adhémar, avec infiniment plus de pénétration et de facilité que lui. A force d'exercer son intelligence, il était parvenu à saisir les questions presque avec autant de promptitude qu'Edmond ; mais il se gardait bien d'en donner comme lui des solutions *ex abrupto*, et qui souvent se trouvaient erronées par suite d'une trop grande précipitation ; aussi ne hasardait-il jamais une réponse sans s'être assuré par la réflexion de son plus ou moins de justesse.

Dès son entrée au collége, Lucien s'était montré un travailleur infatigable. La tournure de son esprit le portait plutôt à l'étude des sciences qu'à celle des lettres. Cependant il ne négligea jamais celles-ci, et, quoiqu'il les cultivât avec moins de soin que les premières, il y obtint des succès presque aussi brillants que son cousin Edmond, qui se distinguait surtout dans cette partie quand il voulait se donner la peine de travailler.

Dans les premiers temps de son arrivée au collége, Lucien s'était adonné avec une égale application à toutes les parties de l'enseignement qui faisaient l'objet des différents cours qu'il suivait. Mais une fois qu'il eut trouvé la voie dans laquelle il se sentait appelé à marcher, il s'y lança avec une ardeur immodérée. Avide de s'instruire, il ne voulait pas perdre un seul instant; il consacrait à l'étnde le temps de ses récréations, et souvent même il prenait sur son sommeil pour travailler. Un pareil genre de vie eût promptement altéré sa santé; mais le directeur du collége, instruit de ce qui se passait, le fit venir dans son cabinet, et lui dit d'un ton sévère :

« Comment, Lucien! vous que je regardais comme un de nos meilleurs élèves, vous vous permettez d'enfreindre le règlement, et de donner à vos camarades un fort mauvais exemple, que du reste, je l'espère, ajouta-t-il d'un ton

plus radouci et presque souriant, ils ne seront
guère tentés d'imiter ! »

Le pauvre enfant, tout étourdi de cette apos-
trophe, rougit jusqu'au blanc des yeux, et répondit en balbutiant :

« Je ne sais pas, Monsieur, ce que vous voulez
dire, ni en quoi je donne un mauvais exemple
à mes camarades.

— Eh bien, je vais vous l'expliquer, mon ami,
reprit le directeur d'un air tout à fait bienveil-
lant qui rassura complétement Lucien : vous
connaissez le règlement qui fixe les heures des
classes, des études, des repas, du lever et du
coucher des élèves, en un mot, de tous les exercices de la maison?

— Oui, Monsieur.

— Croyez-vous qu'il soit permis à chaque élève
de changer à sa guise et selon son caprice les
heures et l'emploi des différents exercices de la
journée, par exemple de s'amuser pendant l'étude
ou la classe, de travailler pendant la récréation,
de manger hors des heures des repas, de dormir
au réfectoire et de veiller au dortoir?

— Non, Monsieur.

— Vous comprenez qu'il en résulterait un désordre et une confusion qui mettraient bientôt
un établissement comme le nôtre sens dessus
dessous ?

— Je le comprends très-bien.

— Et qu'un élève qui commettrait, je ne dis
pas toutes, mais seulement quelques-unes des
infractions dont je viens de parler, donnerait à
ses camarades un mauvais exemple si le chef de
l'établissement ne s'empressait de le rappeler à
l'ordre, comme je le fais en ce moment ?

— J'en conviens, Monsieur, répondit Lucien
en rougissant de nouveau ; mais je ne me croyais
coupable d'aucune des fautes dont vous avez fait
l'énumération : je travaille de mon mieux pendant tout le temps des études, pendant les
classes....

— Pendant les classes, interrompit le directeur en répétant ces derniers mots, vous écoutez
attentivement les leçons et les explications du
professeur ; vous êtes toujours prêt à lui répondre, et, quand il vous interroge, vous ré-
pondez toujours très-bien ; vous ne perdez pas
une minute pendant les études, et les maîtres

parlent avec éloge de votre application, je sais tout cela ; aussi ai-je eu soin de vous dire en commençant que je vous regardais comme un de nos meilleurs élèves. Mais cela ne vous a pas empêché de manquer à deux articles du règlement : d'abord vous avez l'habitude de travailler pendant les récréations ; puis il vous est arrivé plusieurs fois pendant la nuit de profiter de la lumière du quinquet placé près de votre lit dans le dortoir pour lire et pour étudier. Est-ce vrai ? et si cela est, ne sont-ce pas là des infractions graves au règlement, un mauvais exemple donné à vos condisciples ?

— Cela est vrai ; mais je pensais qu'on pouvait volontairement s'abstenir de prendre part aux récréations et rester à l'étude pour travailler, puisque chaque jour un certain nombre d'élèves sont privés de récréation et forcés de rester à l'étude en retenue. Je regardais la récréation comme une faveur, puisque sa privation était infligée comme une punition ; or, comme on est toujours libre de profiter ou de ne pas profiter d'une faveur, je ne croyais pas mal faire en n'usant pas de celle-ci. Quant à avoir lu et étudié la nuit, cela m'est arrivé effectivement quelque-

fois ; mais c'est qu'alors je ne pouvais dormir, et
je pensais qu'il n'y avait point de mal à utiliser
ainsi mon insomnie. Du reste, ceci n'a aucune
influence sur mes camarades, car mon lit est
placé de manière qu'aucun d'eux ne saurait m'a-
percevoir lorsque je suis couché ; aussi n'ai-je été
vu que des surveillants, et dès que l'un d'eux m'a
eu fait l'observation que j'étais en contravention
au règlement, je n'ai pas recommencé, mais je
n'en ai pas mieux dormi pour cela. Quant à
l'autre infraction relative à mon travail pendant
la récréation, je ne sache pas que mon exemple
ait entraîné personne à l'imiter. D'ailleurs le
maître d'étude chargé de la surveillance de la
retenue n'a pas paru trouver ma présence extra-
ordinaire, et ne m'a fait aucune observation ;
sans cela, croyez-le bien, Monsieur, je n'aurais
pas continué...

— J'en suis persuadé, mon ami, interrompit
de nouveau le directeur, parce que je sais que
vous êtes un élève aussi docile que bon travailleur. Aussi ce n'est pas pour vous adresser
des reproches bien sérieux que je vous ai fait
appeler ; c'est pour vous faire comprendre qu'il
est dangereux pour votre santé de vous livrer,

3

comme vous le faites depuis quelque temps, à
des excès de travail qui pourraient avoir pour
vous des conséquences funestes dont vous n'avez
pas l'idée. A tout âge , — et au vôtre surtout, où
le tempérament n'est pas encore formé, — il est
absolument nécessaire que le repos de l'esprit et
un exercice modéré du corps succèdent au travail
assidu de l'intelligence. Nos organes ne sauraient
supporter une application trop longtemps soutenue
sans se fatiguer, s'affaiblir, et donner lieu à de
graves désordres qui peuvent occasionner des maladies mortelles.

« Connaissez-vous, mon ami, cette fable de
Phèdre où il représente Ésope jouant aux noix
avec des enfants ?

— Je l'ai expliquée il y a deux ans, et je me
rappelle qu'il y est question d'un individu qui, en
voyant Ésope jouer avec des enfants, se moqua
de lui et le traita de fou. Alors Ésope posa devant
lui un arc débandé en lui disant :

« — Devine ce que cela signifie. »

« L'autre avoua qu'il ne le comprenait pas ; le
philosophe lui dit alors :

« — Tu rompras bientôt cet arc si tu le tiens

toujours tendu ; mais si tu le débandes, tu pour-
ras t'en servir quand tu voudras (1). »

— Très-bien ; et la morale qu'il donne après
cette explication ?

— Je ne me la rappelle pas.

— Eh bien, la voici :

« — Ainsi l'on doit de temps en temps donner de
la distraction à l'esprit, pour que les pensées s'y
présentent ensuite avec une nouvelle force (2). »

« Telle sera, mon ami, la conclusion de notre
entretien d'aujourd'hui. En conséquence, je vous
donne d'abord pour pensum à me copier ces deux
vers et à les apprendre par cœur ; ce sera la seule
punition que je vous infligerai pour votre infraction au règlement. Ensuite je vous ordonne, à
partir de ce moment, de prendre part à toutes
les récréations de vos camarades et de jouer aux
barres, à la balle, à la course, etc., en un mot,
aux jeux qui comportent le plus d'exercice ; ce sera
le moyen de vous guérir de cette insomnie dont

----

(1) Cito rumpes arcum si semper tensum habueris ;
    At si laxaris, cum voles, erit utilis.

(2) Sic ludus animo debet aliquando dari,
    Ad cogitandum melior ut redeat tibi.

vous vous plaignez, et qui ne provient que d'un sang échauffé par une étude trop prolongée. Enfin je vous invite à écouter avec toute l'attention dont vous êtes capable la prochaine conférence que je vous ferai, et dont le sujet sera *le prix et l'emploi du temps;* vous y trouverez développées les idées que je n'ai fait qu'effleurer dans notre entretien d'aujourd'hui. »

CHAPITRE IV

Une conférence sur le prix et l'emploi du temps.

Tous les jeudis, le matin après la messe, le directeur du collége avait l'habitude de réunir tous ses élèves dans une vaste salle disposée en amphithéâtre, et qu'on appelait *salle des exercices*. C'était là qu'avaient lieu les examens solennels de fin d'année, les concerts, quelquefois même des représentations dramatiques, enfin les séances publiques de l'académie ; car il y avait une académie, dont les membres étaient choisis parmi les meilleurs élèves de philosophie, de rhétorique et de seconde.

Les réunions hebdomadaires du jeudi matin, appelées *conférences*, n'avaient aucun rapport avec

les solennités dont nous venons de parler ; c'étaient
en quelque sorte de véritables réunions de famille,
dans lesquelles le directeur s'entretenait avec ses
élèves comme un père pourrait le faire avec ses
enfants. Son langage, dépouillé de tout ornement,
avait alors la simplicité d'une conversation fami-
lière. Quoiqu'il suivît un ordre méthodique dans
les sujets qui faisaient l'objet de ces conférences,
il ne s'y astreignait pas si rigoureusement qu'il
ne trouvât l'occasion, quand il le jugeait nécessaire, de parler d'événements, de faits, de circonstances particulières, qui par leur actualité ou
leur importance devaient intéresser ses enfants.
Quelquefois un de ces faits, une de ces circonstances donnait lieu à un entretien sur un sujet
qui, tout en rentrant dans son plan général, n'y
eût peut-être pas trouvé place en ce moment, ou
qu'il eût traité d'une manière différente et avec
moins de développement.

C'est ainsi que le jeudi qui suivit son entrevue
avec Lucien il choisit pour sujet de la conférence
l'emploi du temps, quoiqu'il eût annoncé pour
ce jour-là la suite des explications qu'il avait
commencées sur les principaux articles du règlement.

Voici comment il s'y prit pour annoncer ce
changement de sujet aux élèves.

« Mes enfants, avant de continuer à vous expliquer en détail chaque article du règlement, je crois
utile de revenir sur un point au sujet duquel j'ai
négligé peut-être de m'expliquer suffisamment dans
le principe, et dont plusieurs d'entre vous, comme
j'en ai acquis la preuve dernièrement, ne com-
prennent pas toute l'importance. Je veux parler
du but principal, de l'objet essentiel que nous
avons eu en vue lorsque nous avons établi le règlement qui vous régit dans cette maison.

« Jusqu'ici vous ne l'avez peut-être considéré
que comme un moyen plus ou moins arbitraire
de déterminer l'ordre à suivre dans les différents
exercices et dans les différents mouvements d'un
nombreux pensionnat; ordre dont vous avez, du
reste, tous compris la nécessité, car sans lui
nulle société d'hommes aussi bien que de jeunes
gens, de religieux mêmes ou de religieuses, ne
pourrait subsister. Envisagé sous ce point de vue,
un règlement a un but d'une utilité incontestable sans doute, mais en quelque sorte toute
matérielle, et qui ne s'applique à ceux qui y sont
soumis qu'autant de temps qu'ils restent attachés à

l'établissement pour lequel ce règlement a été fait.

« Mais, mes enfants, nôtre règlement, outre la fin commune à toutes les prescriptions de cette nature, a un but d'une portée morale bien autrement étendue ; car ses effets doivent vous suivre au delà de cette maison, et exercer une influence salutaire sur toute votre vie. Or ce but, que j'appelle principal et essentiel, est de vous accoutumer dès votre plus tendre jeunesse à faire un emploi convenable et réglé de votre temps, de manière à vous apprendre à le ménager, et à n'en pas perdre, s'il est possible, la moindre parcelle.

« Plusieurs d'entre vous, — le plus grand nombre, devrais-je dire, — s'étonnent sans doute de m'entendre attacher une si grande importance à cette idée de vous accoutumer de bonne heure à employer le temps d'une manière convenable et à le ménager comme si c'était un trésor. Votre étonnement cesserait, mes enfants, si vous aviez jamais réfléchi sur la nature du temps et sur sa valeur. Malheureusement c'est à quoi l'on ne songe guère à votre âge, et je dois ajouter que bien des hommes arrivés à l'âge mûr n'y songent pas plus que vous. Eh bien, mes amis, je veux

tâcher aujourd'hui de fixer toute votre attention
et d'appeler vos méditations sur ce sujet, un
des plus graves qui existent et des plus dignes
d'occuper votre esprit.

« Et d'abord savez-vous ce que c'est que le
temps, ce temps que tant de gens, tant d'in-
sensés, devrais-je dire, ne songent qu'à *passer*,
ou plutôt à *perdre* ou même à *tuer*, comme ils
disent, dans les amusements et la dissipation?
Eh bien, mes enfants, le temps est le don le
plus précieux que Dieu nous ait fait; c'est une
parcelle de l'éternité qui mesure la durée de
notre existence. « Vous avez, dit le Psalmiste en
« s'adressant à Dieu, établi le cours de ma vie
« pour être mesuré par le temps. » Le temps est
donc en quelque sorte notre existence elle-même,
et un sage a dit avec raison que « c'est l'étoffe
« dont la vie est faite. » Une heure, bien ou mal
employée, s'écoule; une autre la suit et s'écoule
à son tour; ainsi le soir est près du matin, et le
jour présent, qui s'appelle *aujourd'hui*, sera passé
demain et s'appellera *hier;* et hier ne revient
plus, et ne reviendra jamais. C'est *demain* qui
arrive, qui devient *aujourd'hui*, puis qui passe,
s'écoule et s'en va avec tous les autres jours, qui

3*

se sont appelés comme lui *demain*, *aujourd'hui*,
et ensuite se sont appelés *hier*. Ainsi les jours,
les mois, les années s'enfoncent et se perdent
dans cet abîme où le temps finit pour nous et
où l'éternité commence. Hier, comme avant-hier,
comme tous les jours précédemment écoulés, ne
nous appartiennent plus; demain ne nous appartient pas encore, et nous ne savons pas si nous
le verrons; nous n'avons donc à nous qu'aujour-
d'hui, et encore dans ce jour nous ne possédons
en réalité que l'instant où nous sentons notre
existence, et cet instant est si fugitif, qu'il a
déjà disparu au moment même où nous y arrê-
tons notre pensée.

Le moment où je parle est déjà loin de moi.

« Chacun de ces instants qui s'écoulent avec
« tant de rapidité, dit Massillon, nous ôte une
« portion de notre vie, et nous avance d'un pas
« vers le tombeau. » Perdre volontairement un
de ces instants ou le mal employer, c'est donc
perdre volontairement une portion de notre vie
elle-même; c'est en quelque sorte nous suicider
partiellement.

La perte d'un trésor, de pierreries, de bijoux,

précieux, n'est pas toujours irréparable; on peut
retrouver ces objets ou les remplacer; mais un jour,
une heure, une minute perdus ne peuvent ni se
retrouver ni se remplacer jamais.

« Ce sont là, mes enfants, de ces vérités qui
n'ont pas besoin de démonstration, et qu'il suffit
d'énoncer pour qu'elles soient comprises de tout
esprit raisonnable. Elles sont aussi claires que la
lumière du jour; mais souvent, comme cette
lumière, elles frappent nos yeux sans que nous
y fassions attention. Combien ne rencontre-t-on
pas dans le monde de gens qui remettent conti-
nuellement au lendemain les affaires les plus im-
portantes, et qui ont sans cesse à la bouche ces
mots : J'ai le temps!

« Et vous-mêmes, mes enfants, combien parmi
vous n'ont-ils pas l'habitude, lorsqu'on les sollicite
de faire tel ou tel devoir, d'apprendre telle ou telle
leçon, de répondre : Je ne suis pas pressé ; j'ai le
temps!

« Mais non, malheureux enfants, vous ne l'avez
pas ce temps; il ne vous appartient pas; vous
n'avez que le moment présent, comme je viens
de vous le dire, et si vous comptez sur l'avenir,
même le plus rapproché, vous vous exposez sou-

vent à de cruelles déceptions; car mille circonstances imprévues vous empêcheront de réaliser
ce que vous voulez faire demain, ce soir, dans une
heure. Alors vous vous apercevrez avec douleur,
— mais trop tard, — que le temps perdu est irréparable.

« Pénétrez-vous bien, mes enfants, de cette
sentence si sage des anciens : « Il ne faut jamais
« remettre au lendemain ce qu'on peut faire la
« veille. » Plus vous vivrez, plus vous acquerrez
d'expérience, et plus vous reconnaîtrez l'utilité
pratique de cette sentence dans toutes les circonstances où vous vous trouverez.

« Ceci me rappelle une anecdote, que je veux
vous raconter tout à la fois comme preuve de ce
que j'avance et pour égayer un peu le sérieux de
notre entretien d'aujourd'hui.

« Dans ma jeunesse j'ai connu à Rennes un avocat
aussi distingué par la profondeur de sa science que
par sa droiture et son amour de la justice; je n'ai
pas besoin d'ajouter qu'il était également remar-
quable par sa piété; car la véritable science et
l'amour de la justice ne sauraient exister sans la
religion et la piété. Jamais, même au prix d'une
fortune, il ne se serait chargé de défendre une

cause injuste ; aussi, quand il prenait une affaire
en main, le succès en paraissait assuré ; et s'il lui
arrivait parfois, — ce qui était extrêmement
rare, — de perdre un procès, on accusait le juge
d'erreur ou même d'injustice, plutôt que de supposer que Mᵉ Renault, — c'était le nom de cet
avocat, — se fût trompé.

« Lorsque dans une contestation l'une des parties pouvait montrer un avis favorable de Mᵉ Renault, on était à peu près sûr qu'elle gagnerait
son procès, et le plus souvent l'adversaire n'at-
tendait pas la décision de la justice, et demandait
à entrer en arrangement. C'était là surtout un de
ses triomphes, d'empêcher les procès ou de les
faire tourner à l'amiable.

« Lorsqu'on venait le consulter, après avoir
examiné l'affaire avec une scrupuleuse attention,
il faisait invariablement l'une ou l'autre de ces
deux réponses :

« — Votre affaire est juste ; vous êtes parfaite-
ment dans votre droit, et je pense que, si vous
plaidez, vous gagnerez ; je ne vous conseille pourtant pas d'entamer un procès. Tâchez plutôt de
transiger ; car le plus mauvais arrangement vaut
mieux encore que le meilleur procès. »

« Ou bien il répondait :

« — Votre affaire ne vaut rien ; vous avez contre
vous la loi et l'équité. Ne vous avisez pas d'entre-
prendre un pareil procès, vous le perdriez infailli-
blement. »

« Ou bien, si c'était le consultant qui était lui-
même attaqué :

« — Ne vous défendez pas, disait-il ; accordez
ce qu'on vous demande, vous y gagnerez les frais
de procédure ; ou tâchez de vous arranger avec
votre adversaire aux meilleures conditions pos-
sibles. »

« La réputation de M⁰ Renault s'était étendue
dans toute la Bretagne, aussi bien dans les villes
que dans les villages ; car les paysans bretons ne
sont guère moins processifs que leurs voisins les
Normands ; seulement je les crois moins chica-
niers. Aussi, pour la moindre affaire, pour un oui
ou pour un non, comme on dit, ils accouraient
à Rennes trouver le célèbre avocat, lui demandaient une consultation, qu'ils emportaient en
triomphe dans leur village, et c'en était assez
bien souvent pour terminer ou prévenir un procès.

« Un jour un brave et honnête fermier des environs de Redon fut obligé d'aller à Rennes pour acheter ou vendre des bestiaux, je ne sais plus lequel. On était au mois de juin ; il était parti de chez lui vers le milieu de la nuit, de sorte qu'il arriva en ville de très-grand matin, et que ses affaires furent terminées de fort bonne heure. Comme il avait encore une heure à rester en ville avant le départ de la carriole qui devait le ramener dans son village, situé sur la route de Rennes à Redon, il se dit tout à coup :

« Tiens! si, pour ne pas pardre mon temps, j'allais demander une consultation à M° Renault, cela vaudrait mieux que de rester ici à m'ennuyer.

« Et, sans plus de délibération, il mit son idée à exécution.

« En quelques minutes il arriva chez l'avocat, et attendit près d'une demi-heure, dans une antichambre où se trouvaient plusieurs clients, son tour d'être admis dans le cabinet. Enfin, se trouvant en présence du savant jurisconsulte, il ôta son énorme chapeau rond, et lui fit un profond salut en disant :

« — Bonjour, monsieur l'avocat ; je suis venu

au marché de Rennes, et dame! je ne veux pas
m'en retourner sans emporter chez nous une de
vos consultations, dont tout le monde dans notre
pays parle avec tant d'éloge.

« — C'est bien, mon ami; asseyez-vous... Maintenant de quoi s'agit-il?

« — Je vous l'ai dit, Monsieur, il s'agit d'un
petit bout de consultation que je vous prie de me
donner, en payant, s'entend, comme de juste; car
toute peine mérite salaire, et chacun doit vivre de
son métier.

« — Je comprends fort bien; mais quel est
l'objet de cette consultation? Avez-vous un procès?

« — Non, Monsieur, Dieu m'en garde! je n'ai
jamais eu de procès et n'en aurai jamais de ma
vie, s'il plaît au bon Dieu et à Notre-Dame
d'Auray.

« — Je vous en félicite, mon ami; mais alors
pourquoi venez-vous me consulter? Désirez-vous
faire des arrangements de famille, un partage
anticipé de vos biens à vos enfants, afin d'éviter
les contestations qui pourraient s'élever entre
eux après votre mort?

« — Je n'ai point d'arrangement ni de partage à faire entre mes enfants, attendu que de tous ceux que j'ai eus il ne m'en reste plus qu'un, mon gars Yvon, qui n'aura de querelle avec personne pour se partager mon héritage, puisqu'il sera seul à le recueillir.

« — Enfin expliquez-vous donc, mon brave homme, et dites-moi quelle est la nature de la consultation que vous me demandez; vous me faites perdre un temps précieux, et d'autres clients attendent.

« — Mais, Monsieur, je vous ai dit et je vous répète encore que je venais vous demander une consultation. Vous me dites de vous faire connaître la nature de cette consultation : est-ce que je le sais, moi? Je ne suis pas un savant comme vous; sans cela je ne viendrais pas vous consulter. C'est donc à vous de savoir quelle est la consultation qui me convient, et non pas à moi, qui ne sais ni lire ni écrire. »

« Les Bretons sont entêtés; vous en savez quelque chose, mes bons amis, ajouta en souriant finement M. l'abbé M... (1), et plus d'une

(1) M. l'abbé D..., directeur du collège de Pont-le-Voy, était né à Redon, et avait fait ses études à Rennes.

fois vous vous êtes aperçus que votre directeur
avait une tête bretonne. Pour en revenir à notre
fermier, l'avocat, comprenant qu'il n'avait d'autre
moyen de s'en débarrasser que de le satisfaire,
prit une feuille de papier, écrivit dessus quelques
lignes, la plia en quatre ; puis, la remettant à son
singulier client :

« — Tenez, lui dit-il, voilà une consultation,
qui, si elle ne vous est pas utile, ne saurait en
aucun cas vous être nuisible.

« — Merci, monsieur l'avocat, » dit le paysan
avec un air de satisfaction.

« Et, tirant de ses braies une grande bourse de
cuir, il ajouta :

« — Combien vous dois-je ?

« — Comme cette consultation sort un peu de
mes habitudes, dit M° Renault en hésitant, je ne
saurais en conscience la taxer...

« — Point, point, interrompit vivement le fermier, je n'entends pas vous avoir fait travailler
pour rien ; tenez, voilà un écu, ajouta-t-il en
mettant trois francs sur le bureau : est-ce assez ?

« — Certainement, mon brave homme, et je

souhaite de tout mon cœur que ma consultation
puisse vous profiter ; mais, à propos, vous m'avez
dit que vous ne saviez pas lire ; voulez-vous que je
vous en fasse connaître le contenu?

« — C'est inutile, monsieur l'avocat ; ça nous
ferait perdre du temps à vous et à moi ; j'ai mon
gars Yvon, qui a étudié et qui lit aussi bien que
M. le recteur ; quand j'aurai besoin de savoir ce
qu'il y a dans ce papier, il me le lira. Au revoir,
et Dieu vous garde! »

« Le fermier regagna promptement la voiture,
qui en quelques heures le ramena dans son village.

« On était alors en pleine fenaison. Quand il
arriva chez lui, il trouva tous ses domestiques
et ses ouvriers qui revenaient de la prairie avec
Yvon en tête. Une vive discussion venait de
s'élever entre Yvon et sa mère. Celle-ci voulait
qu'on profitât du reste de la journée pour rentrer
le foin fauché depuis deux jours, et qui était par-
faitement sec.

« — Mais, disait Yvon, songez donc, mère,
que nos gens travaillent depuis trois heures du
matin, et qu'il est bien temps qu'ils se reposent

un peu. D'ailleurs rien ne presse; le temps est au beau, nous n'avons pas de pluie à craindre pour cette nuit; demain nous aurons toute la journée devant nous pour ramasser notre foin. C'est aussi ce qu'ont pensé le cousin Bornier, le voisin Guillaume et tous les autres qui ont fauché leurs prés à côté du nôtre; pas un d'eux n'a rentré une botte de foin, et c'est ce qui m'a décidé à ramener nos faneurs.

« — C'est égal, reprit la mère, moi je pense qu'il serait plus prudent... »

« Elle s'interrompit ici en voyant venir son mari, et s'écria :

« — Ah! voici ton père; il arrive à propos pour décider la question. »

« Et elle s'empressa d'expliquer au fermier de quoi il s'agissait.

« Celui-ci, après avoir entendu les observations de son fils, se mit à réfléchir, et resta quelque temps indécis; puis tout à coup, se frappant le front, il s'écria :

« — Sainte Vierge! où donc avais-je la tête? J'oubliais que j'ai là une consultation du meilleur

avocat de Rennes, qui va nous tirer d'embarras,
bien sûr. »

« En disant ces mots, il tira de sa poche le
papier que lui avait donné Mᵉ Renault, et, le
tendant à Yvon :

« — Tiens, lis-nous cela, mon gars. »

« Yvon prit le papier, l'ouvrit, et lut à haute
voix ses mots : *Ne remettez jamais au lendemain
ce que vous pouvez faire la veille.*

« — Eh bien! que vous disais-je? s'écria le
vieux fermier en frappant ses mains l'une dans
l'autre; voilà, j'espère, la chose clairement décidée. Allons, Yvon! allons, les gars! vite à la
besogne ; retournons au pré, et n'y laissons pas
une poignée de foin passer la nuit. »

« Cette décision contrariait un peu Yvon, les
domestiques et les ouvriers; tout le monde n'en
obéit pas moins avec empressement; car dans notre
Bretagne l'autorité du père de famille est respectée
et obéie comme l'était celle des ancien patriarches,
Toute la besogne se fit donc sans murmurer, et à
dix heures du soir la dernière voiture rentrait dans
la grange de la ferme.

« Le voisin Guillaume et le cousin Bornier

s'étaient beaucoup moqués de ce qu'ils appelaient une *toquade* du bonhomme, quand ils avaient appris qu'il s'était décidé à faire enlever ses foins dans la soirée par suite d'une consultation qu'il avait prise chez un avocat de Rennes.

« — Il aurait mieux fait, disaient-ils, de consulter l'almanach; cela ne lui aurait pas coûté si cher. »

« Le voisin Guillaume, qui était un peu goguenard de son naturel, se proposait d'en faire des gorges-chaudes pendant quinze jours au moins. Mais dès le lendemain il fut bien forcé de renoncer à ce projet, comme nous allons le voir.

« Dans la nuit, un orage subit — comme cela arrive souvent en été — éclata sur le village. Pendant près de quatre heures une pluie torrentielle ne cessa de tomber, au milieu des éclats du tonnerre et du bruit presque aussi assourdissant d'un vent impétueux. Le ruisseau qui traversait la prairie dont l'herbe avait été fauchée les jours précédents fut bientôt transformé en un torrent qui, franchissant ses rives, couvrit la plaine voisine, entraînant tout le foin coupé qu'on avait négligé de rentrer la veille. Des tourbillons de vent formant des espèces de trombes enlevèrent

et dispersèrent tout ce que l'eau n'avait pas entraîné.

« Le lendemain matin, quand l'orage fut apaisé,
Guillaume et les autres voisins de notre fermier se
rendirent à la prairie, et ne purent que consta-
ter la perte entière de leur récolte de fourrage.
Guillaume n'avait plus envie de plaisanter, et il
regrettait vivement de n'avoir pas imité son voisin. Quant à celui-ci, il s'applaudissait, au sein
de sa famille, de la bonne idée qu'il avait eue de
consulter M⁰ Renault.

« — Je ne regrette pas, disait-il, l'argent que
je lui ai donné ; car sa consultation m'a déjà pré-
servé d'une perte de plus de deux cents écus,
sans compter ce qu'elle me rapportera à l'avenir ;
car j'entends bien en faire usage chaque fois que
l'occasion s'en présentera. Et toi, Yvon, si j'ai
un conseil à te donner, c'est de ne jamais oublier
cette maxime : NE REMETTEZ JAMAIS AU LENDE-
MAIN CE QUE VOUS POUVEZ FAIRE LA VEILLE,
de la faire apprendre de bonne heure à tes enfants, et d'en faire la règle de conduite de toute
votre vie. »

« Je ne saurais mieux faire, mes enfants, que
de vous répéter les recommandations que le bon

fermier breton adressa à son fils, et d'ajouter qu'un bien aussi précieux que le temps ne saurait être gaspillé et perdu impunément. Dieu ne nous l'a pas accordé pour que nous en fassions un mauvais usage; un jour il nous en demandera un compte sévère, comme de tous les autres avantages dont il nous a gratifiés.

« Mais ce n'est pas seulement après notre mort, quand nous aurons à rendre compte à Dieu de nos actions, que nous serons punis ou récompensés selon que nous aurons bien ou mal employé notre temps; fort souvent dès cette vie même cette punition ou cette récompense nous atteignent. L'histoire de notre fermier breton pourrait nous en fournir un exemple; mais, sans aller si loin, descendez au dedans de vous-mêmes, et dites-moi si, lorsque vous avez convenablement usé de votre temps et accompli tous vos devoirs, vous n'éprouvez pas une satisfaction intérieure qui remplit votre âme d'une douce joie? Et dans le cas contraire ne ressentez-vous pas un ennui mortel, un grand mécontentement de vous-mêmes, qui n'est autre chose que l'effet inévitable du mauvais emploi que vous avez fait de votre temps?

« Mais, me direz-vous peut-être, est-ce que vous entendez par un bon emploi du temps un travail continuel? est-ce qu'il est défendu de s'amuser et de se récréer?

« Non, non, mes enfants, cela n'est pas défendu, pas plus qu'il n'est défendu de boire, de manger, de dormir, parce que le repos ou la récréation après le travail est aussi nécessaire à l'homme pour réparer ses forces que le boire, le manger, le sommeil. Mais ce qui est défendu, c'est d'employer tout son temps à boire, à manger, à dormir ou à s'amuser. L'infraction à ces défenses porte avec elle sa punition immédiate. Celui qui passe son temps à boire et à manger, qui fait, comme on dit, un dieu de son ventre, perd la raison, se dégrade, et descend au niveau de la brute, sans parler des maladies qui sont la suite trop ordinaire de son intempérance.

« L'abus du sommeil alourdit les sens, et les engourdit au point de leur ôter toute leur activité. Quant au repos, aux amusements, aux divertissements, quand ils sont trop prolongés, ils ennuient et fatiguent plus facilement que le travail; plus vous avancerez dans la vie, mes enfants, plus vous reconnaîtrez que ces divertis-

4

sements et ces amusements — il est bien entendu
que je ne parle que d'amusements honnêtes —
n'ont de prix et ne nous offrent de véritables
jouissances qu'à la suite du travail et d'occupations sérieuses. Le repos doit succéder au travail
et le travail au repos, comme la nuit succède au
jour et le jour à la nuit. Tel est l'ordre naturel
des choses, que nous ne pouvons intervertir sans
nous causer un dommage réel. Vouloir travailler
sans cesse et sans repos, — je ne vous ai pas
encore parlé de cet excès, beaucoup plus rare
que les autres, mais qui existe toutefois, ajouta-
t-il en souriant, et même dans ce collége (ici
les regards d'un grand nombre de ses camarades
se portèrent sur Lucien de Marville), — vouloir
donc travailler sans relâche et sans repos, comme
vouloir se reposer et se divertir sans cesse et sans
travailler, c'est vouloir prolonger le jour pendant
la nuit ou la nuit pendant le jour, ce qui ne
saurait se faire impunément et sans nuire à notre
santé.

« Maintenant, mes enfants, si, comme je l'espère, je suis parvenu à vous donner une véritable
idée du prix que vous devez attacher au temps,
vous comprendrez facilement qu'il est indispen-

sable de régler l'emploi de ce trésor, si l'on ne veut
pas s'exposer à le dissiper et à le perdre entièrement. C'est dans ce but principalement, comme je
vous l'ai dit en commençant, que nous avons établi
le règlement qui vous gouverne. Toutes les prescriptions en ont été calculées de manière que tous
les instants de la journée fussent partagés entre le
travail, les récréations, les repas, les exercices
gymnastiques, etc. etc., et qu'un temps suffisant
fût consacré à chacune de ces diverses parties de
la journée.

« Je ne saurais donc vous faire, mes enfants,
une recommandation plus importante que celle-
ci, et c'est par là que je termine cet entretien :
Suivez consciencieusement ce qui vous est prescrit
par le règlement, c'est-à-dire remplissez exacte-
ment vos devoirs de religion, travaillez avec ardeur pendant les études, écoutez attentivement
les leçons de vos professeurs pendant les classes,
amusez-vous, jouez de tout votre cœur pendant
les récréations, mangez de bon appétit à vos repas, dormez paisiblement pendant les heures de la
nuit fixées pour votre sommeil, et je vous garantis
que vous aurez fait un emploi convenable de votre
temps pendant votre séjour au collége. Puis, si

vous avez bien compris les avantages de notre
règlement, quand vous aurez quitté notre maison
et que vous serez entrés dans le monde, vous
continuerez à suivre, dans vos occupations jour-
nalières, une marche aussi régulière que possible,
suivant les exigences de votre position de famille
ou d'emploi. Pour cela il sera bien de vous tracer
vous-mêmes un règlement, que vous suivrez, et
que vous vous astreindrez à suivre autant que
vous le pourrez; vous pourrez même vous dispenser de l'écrire, pourvu que vous contractiez,
d'après les principes que je vous ai indiqués, des
habitudes régulières pour l'emploi de votre temps :
vous vous accoutumerez ainsi à mener une vie
non-seulement *réglée* sous le rapport de l'hygiène
et de l'économie, mais *régulière*, c'est-à-dire con-
forme aux principes de la morale et aux maximes
de la religion. »

CHAPITRE V

La sortie du collége.

Nous n'affirmerons pas que l'entretien que nous venons de rapporter fut écouté avec une égale attention par ceux qui y assistèrent, ni qu'il produisit sur tous sans exception des effets salutaires. Hélas! la parabole du semeur de l'Évangile ne reçoit que de trop nombreuses et trop fréquentes applications! mais ce que nous pouvons assurer avec certitude, c'est que les paroles de M. l'abbé D*** firent sur Lucien de Marville une impression profonde et ineffaçable. Ce fut pour lui une sorte de révélation. Jamais il n'avait arrêté sa pensée sur ce qu'on appelle le *temps*; jamais il ne s'était rendu compte de sa valeur,

ni de la manière dont il devait être employé. Mais
à partir de ce moment il comprit tout ce qu'avait
d'important un emploi régulier du temps, et sage-
ment combiné avec les besoins et les exigences de
notre nature.

Il s'empressa donc de suivre à la lettre les
prescriptions du règlement, moins pour obéir
aux ordres du directeur que parce qu'il eut
bientôt compris la sagesse et l'utilité de ces prescriptions. Il continua, en effet, de travailler avec
ardeur et consciencieusement pendant les études;
mais aux récréations il prit une part bruyante et
active aux jeux de ses camarades, et à leur grand
étonnement il devint bientôt un des plus forts à la
balle, et l'un des plus agiles aux barres et à la
course. Il fit aussi des progrès remarquables
dans les exercices gymnastiques, et il acquit en
peu de temps une force supérieure à l'escrime et
à l'équitation.

Loin que ce temps employé aux récréations et
aux exercices corporels nuisît à ses études, il
s'aperçut bientôt que son esprit était plus dispos,
et que les pensées y revenaient avec plus d'abondance et de force à la suite de ces récréations et
de ces exercices. Il ne fut plus tenté par la suite

de travailler une partie de la nuit, parce qu'il ne
fut plus dès lors sujet aux insomnies, ainsi que le
lui avait prédit le directeur.

Edmond ne pouvait s'empêcher d'admirer son
cousin, qui, disait-il, faisait tout ce qu'il voulait
de son corps et de son esprit; et parfois il lui
adressait des éloges sous forme de reproches iro-
niques.

« Tu ne savais pas, lui répétait-il souvent,
tenir un fleuret l'année dernière, et maintenant
tu me boutonnes presque à tout coup. Tu n'osais
pas monter le cheval le plus doux du manége, et
maintenant tu te tiens sur le *sauteur*, pendant ses
plus grands écarts, avec l'aplomb d'un Franconi.
Autrefois, dans les classes, tu te contentais d'être
l'un des plus forts en mathématiques, en physique
et en chimie, et tu nous laissais la priorité en
histoire, en grec, en latin et en compositions litté-
raires; et voilà qu'à présent tu t'es mis en tête de
nous distancer dans les lettres tout aussi bien que
dans les sciences. As-tu donc résolu d'accaparer
désormais tous les prix?

— Je t'assure, mon cher, que je ne songe
guère aux prix, répondit Lucien en souriant, et,
si tu veux seulement me promettre de travailler

avec plus d'ardeur et plus d'exactitude que tu ne
le fais, je te promets de ne pas te faire concur-
rence, ou plutôt je te garantis que tu remporteras
toutes les couronnes que tu voudras sérieusement
obtenir.

— Oui, c'est pour m'enjôler que tu me dis
cela ; c'est pour m'engager à travailler comme
toi. Je ne demanderais pas mieux, je t'assure ;
mais il faudrait auparavant m'enseigner ton secret.

— Mon secret? reprit en riant Lucien, mais il
est bien simple, et tu le connais aussi bien que
moi : il consiste tout bonnement à m'occuper sérieusement pendant les classes et les études, et à
m'amuser de mon mieux en promenade et en récréation ; en un mot, à employer mon temps de la
manière que nous a recommandée souvent M. le
directeur. Essaie un peu de ce régime ; tu verras
qu'il te réussira tout aussi bien qu'à moi, et je te
réponds que tu seras un des premiers à toutes les
compositions, et que tu auras ta bonne part des
prix de fin d'année. »

Ces exhortations de Lucien, et surtout son
exemple, faisaient ordinairement impression sur
Edmond ; pendant quelque temps il travaillait avec

zèle ; puis sa légèreté l'emportait, et il retombait dans sa négligence habituelle. Il fallait alors qu'il fût de nouveau stimulé par son cousin pour se relever de ses défaillances, ou que la perspective d'obtenir un prix lui servît d'aiguillon.

Quant à Lucien, ainsi qu'il le disait lui-même, ce n'était point l'appât des récompenses solennelles et des couronnes qui l'excitait au travail. Il n'avait d'autre stimulant que le désir de s'instruire et d'orner son esprit de connaissances nouvelles. Depuis surtout qu'il avait mis un ordre régulier dans ses études, et pratiqué les conseils de M. l'abbé D*** sur l'emploi de son temps, il avait fait des progrès plus rapides et plus prononcés dans toutes les branches de l'instruction, même dans celles pour lesquelles il avait montré jusque-là le moins d'aptitude.

Ces progrès se soutinrent pendant le reste de ses classes, et, arrivé en philosophie, il était, sans contredit et sous tous les rapports, le premier élève du collége. Edmond, qui, selon son expression, s'était laissé distancer par son cousin, n'éprouvait contre lui aucune jalousie ; mais il ne pouvait s'empêcher parfois de lui manifester son étonnement de ses progrès dans les belles-lettres, pour lesquelles il semblait autrefois avoir une certaine aversion.

« Tu te trompes, répondait Lucien, je n'ai jamais ressenti d'aversion pour les lettres, au contraire; seulement, comme mon goût m'entraî-nait vers les sciences, et que je leur consacrais tout mon temps, il ne m'en restait plus pour m'oc-cuper des lettres. Mais depuis que j'ai appris à mieux diviser mon temps et à mieux répartir mon travail, j'ai pu en consacrer une partie à la littéra-ture, et j'y ai trouvé un délassement utile, qui, loin de nuire à mes autres études, semble, au contraire, les favoriser.

— Voilà ce que je ne comprends pas, reprit un jour Edmond; pour moi, il me semble que si je voulais m'appliquer à la géométrie, à l'algèbre, à la physique, à la chimie, en un mot, à tout ce qui constitue la science proprement dite, cela me dessècherait le cerveau, et que je ne pourrais plus goûter les beautés d'Homère et de Démosthène, de Virgile, d'Horace, de Tite-Live, ni celles de nos grands écrivains français, orateurs et poëtes; encore moins pourrais-je composer et écrire quelque œuvre d'imagination. Il me semble qu'alors mon style ne pourrait plus être orné de fleurs de rhétorique ; mais en revanche il aurait sans doute l'éclat d'un problème de géométrie, la chaleur d'une équation algébrique et l'harmonie d'une table de logarithmes.

— Tu plaisantes au lieu de raisonner.

— Mais non, je ne plaisante pas ; seulement, malgré ton propre exemple, je soutiens que les sciences et les lettres sont en général incompatibles ; qu'il est impossible de les cultiver ensemble avec un égal succès, et que nécessairement l'étude des unes nuit à l'étude des autres.

— Et moi, je prétends que ton affirmation est trop absolue ; sans doute on a plus ou moins d'aptitude et de goût pour telle ou telle partie de nos études ; mais ce n'est pas une raison pour négliger les autres, sous prétexte qu'elles sont incompatibles entre elles. Je soutiens, moi, au contraire, que toutes les connaissances humaines se tiennent et se complètent l'une par l'autre, loin qu'il existe entre elles la moindre incompatibilité. Ainsi la connaissance des mathématiques et des sciences naturelles et physiques apprendra au littérateur à mettre plus de précision, de clarté, de justesse dans sa manière d'exprimer ses pensées, et à orner son style de métaphores nouvelles et hardies, et d'images aussi brillantes que vraies. D'un autre côté, l'étude des lettres exercera le mathématicien, le physicien, l'astronome, le naturaliste, à faire parler à la science un langage simple, naturel, parfois élevé et même sublime, mais toujours intelligible et à la portée du plus grand nombre, qu'il initiera ainsi à des notions jusque-là inaccessibles au vulgaire. Crois-tu, par exemple, que si Pascal n'eût pas été tout à la fois un grand écrivain et un grand géomètre, il eût exprimé d'une manière aussi sublime sa pensée sur la grandeur infinie des œuvres de Dieu : « Nous avons beau enfler « nos conceptions, nous n'enfanterons jamais que « des atomes au prix de la réalité des choses ; « c'est une sphère immense, dont le centre est « partout et la circonférence nulle part. » Et d'ailleurs, je pourrais citer à l'appui de mon opinion une infinité d'exemples pris dans l'antiquité et dans les temps modernes. Aristote, par exemple, ce génie encyclopédique, n'a-t-il pas été un savant et un littérateur également de premier ordre? Logique et dialectique, physique et psychologie, métaphysique et théodicée, morale, politique et économie, rhétorique, poétique, his-

toire naturelle, il a tout embrassé et tout marqué
au coin d'une supériorité incontestable. Longtemps avant lui, Homère, le plus grand des poëtes,
et Hésiode, qui vint un siècle après lui, n'ont-ils
pas fait preuve de connaissances variées en astro-
nomie, en histoire naturelle, en géographie? Sans
doute, depuis ces temps reculés, les sciences naturelles, astronomiques, physiques, géographiques,
ont fait d'immenses progrès; mais cela n'en
prouve pas moins qu'ils cultivaient également les
sciences et la poésie. J'en puis dire autant de
Virgile, d'Ovide, d'Horace; on peut voir dans
une foule de passages de leurs ouvrages qu'ils
étaient à la hauteur des connaissances scienti-
fiques de leur époque. Mais laissons là l'antiquité, et arrivons sans transition aux temps modernes : ici je pourrais multiplier les citations à
l'infini dans les différentes nations de l'Europe;
mais je me bornerai à deux noms, parce qu'ils
sont français, et que tu as lu plusieurs passages
de leurs œuvres : c'est Pascal, dont je viens
de parler, et Buffon. Pascal, ce génie éminent, qui
a fait tant de découvertes dans les sciences, n'a-
t-il pas été en même temps un des premiers écrivains du siècle de Louis XIV, et un de ceux qui

ont le plus contribué à fixer notre langue? Et
Buffon, l'étude des sciences naturelles l'a-t-elle
empêché d'être un des écrivains dont la réputation a augmenté la gloire de la France, et son
Histoire naturelle n'est-elle pas un monument
d'éloquence qui nous est envié par toute l'Europe?

« En voilà bien assez, j'espère, mon cher Edmond, pour te prouver que la science et les
lettres non-seulement ne sont point incompatibles, comme tu le prétends, mais qu'elles se
prêtent un mutuel secours, et que le savant ne
peut se passer de la connaissance des lettres, ni
le littérateur rester tout à fait étranger à la
science.

— Écoute, mon cher Lucien, reprit Edmond
en souriant, tu es beaucoup plus fort que moi en
philosophie, et tu traites les sujets de disserta-
tion que nous donne notre professeur avec une
supériorité à laquelle je n'ai pas la prétention
d'atteindre ; cependant cela ne m'empêchera pas
de te dire que ton raisonnement me paraît manquer de justesse, et que, si je voulais ergoter,
j'arriverais à une conclusion toute différente de
la tienne ; je te dirais que les exemples que tu

me cites ne prouvent rien, attendu qu'ils ne sont
qué des exceptions, et que l'exception confirme
la règle; j'ajouterai que, si je voulais aussi citer
des noms, je mettrais sous tes yeux une liste
nombreuse de poëtes, d'orateurs, d'historiens,
qui n'avaient pas la moindre teinture des sciences
exactes, et qui n'en sont pas moins des hommes
distingués dans la poésie, l'éloquence et tous les
autres genres de littérature. D'un autre côté, je
pourrais te faire passer en revue bon nombre de
savants, à commencer par Euclide et Archimède
son disciple, et à finir par Malebranche et Legendre, qui n'ont guère montré de goût pour les
lettres et l'art d'écrire. Pour moi, je ne sache rien
de moins poétique, de moins littéraire que les
Éléments de géométrie d'Euclide, si ce n'est les
Éléments de géométrie de Legendre, et j'avoue que
je n'ai jamais pu ouvrir un volume de l'un ou de
l'autre sans avoir envie de bâiller ou de dormir.
Quant à Archimède, c'était un savant admirable
sans doute, et qui mériterait l'estime de la posté-
rité quand il n'aurait inventé que la vis qui porte
son nom; mais, quoiqu'il soit resté plusieurs
ouvrages de lui, on ne les cite pas pour leur mérite
littéraire. Quant au père Malebranche, dont on

nous a fait connaître le système philosophique, c'était un homme fort peu poétique, à en juger par ces deux vers, les seuls, dit-on, qu'il ait pu faire de sa vie :

Il fait en ce beau jour le plus beau temps du monde
Pour aller à cheval sur la terre et sur l'onde.

Tu m'avoueras qu'on ne soupçonnerait guère que ces vers ont été faits par un contemporain de Racine et de Boileau, qui, eux, de leur côté, n'étaient, que je sache, ni grands philosophes ni grands mathématiciens.

« De là je conclus qu'on peut être un savant du premier mérite sans être pour cela ni littérateur, ni poëte, ni orateur, *et vice versa,* à moins d'être un génie universel, encyclopédique, comme tu le disais d'Aristote, comme on le dit de Pic de la Mirandole, comme je le dis de toi-même ; mais ce sont des phénomènes fort rares, ou, comme je le disais tout à l'heure, des exceptions qui ne servent qu'à corroborer ma thèse.

— Tes exceptions, mon cher Edmond, parmi lesquelles tu pouvais te dispenser de me placer, dit en riant Lucien, ne prouvent pas plus en faveur de ta thèse que contre la mienne. Je pour-

rais à mon tour te dire que tes autres exemples ne
sont aussi que des exceptions ; encore rien ne
prouve que les savants dont tu veux parler — et
dont tu ne cites que quatre — aient été ignorants
en littérature. Si leurs écrits, consacrés à des
théories purement abstraites, ne se distinguent
pas par un style fleuri, imagé, académique, c'est
le sujet qui l'exige, et qui veut avant tout la simplicité, la correction, la clarté, la concision. En
se conformant à cette manière d'exprimer leurs
pensées, ils ont rempli une des premières règles
de l'art d'écrire : la *convenance du style*, ce qui
doit faire présumer qu'ils avaient étudié cet art.
Cela est vrai surtout de ceux qui ont publié des
traités de mathématiques pures ; quant à ceux qui
écrivent sur d'autres sciences, sur l'histoire naturelle, par exemple, ou la philosophie, leur style
peut s'élever jusqu'à la plus haute éloquence,
comme nous le voyons dans Buffon et dans son
continuateur Lacépède, comme on peut le voir
dans le père Malebranche lui-même, philosophe
fort peu poétique, ainsi que tu le remarques, mais
dont les ouvrages, surtout celui qui a pour titre la
Recherche de la vérité, sont des modèles de style,
et font preuve d'un génie supérieur. Mais, en

admettant comme vrai — et je l'admets — tout ce
que tu dis d'un certain nombre de savants qui
n'ont été ni littérateurs, ni poëtes, ni orateurs,
la conclusion à en tirer, c'est que les aptitudes
des hommes ne sont pas les mêmes, que tout le
monde n'apporte pas en naissant le feu sacré de
la poésie, ou les dispositions à devenir grand orateur, grand écrivain, grand philosophe, grand
mathématicien.

— Eh bien, mais nous sommes d'accord, s'écria
Edmond.

— Oui, reprit en souriant Lucien, si tu admets
que ces aptitudes, ces dispositions naturelles pour
telle ou telle partie de nos études ne doivent pas,
surtout dans la jeunesse, nous faire négliger les
autres sous prétexte d'incompatibilité ; car cette
incompatibilité n'existe pas. C'est là ma première
proposition, et je tiens à te le prouver...

— Oh! moi, je n'y tiens pas, reprit vivement
Edmond, qui ne se sentait pas de force à lutter
avec son cousin ; seulement je te demanderai pourquoi tu dis que c'est surtout dans la jeunesse qu'on
ne doit négliger aucune des branches de l'enseignement, même celles que je trouvais opposées et
comme incompatibles?

— Parce que dans la jeunesse nous ne connaissons pas encore la nature de nos aptitudes,
que nous n'avons encore que des velléités passa-
gères, et aucune idée arrêtée sur ce que nous
ferons pendant le cours de notre vie. Notre intelligence est comme un champ resté toujours en
friche et dont on ignore la nature productive.
Il faut le défricher, le labourer, le cultiver avec
soin jusqu'à ce qu'il soit en état de produire des
plantes ou des fruits, selon la nature de son sol
et selon la bonne ou mauvaise culture qu'il aura
reçue. Or cette culture préparatoire du champ
de notre intelligence, nous la recevons au collége; c'est là que notre esprit s'ouvre, — comme
la terre sous le soc de la charrue, — aux premières notions des connaissances humaines ; c'est
là que nous recevons comme des semences les
premiers éléments de grammaire, d'histoire, d'a-
rithmétique, de mathématiques, de belles-lettres,
et souvent même les principes des beaux-arts,
de la musique, du dessin, de la peinture, etc.,
comme complément des études qu'on appelle
humanités, *humaniores litteræ*, parce qu'elles ten-
dent au développement harmonieux de toutes les
facultés humaines. Enfin, comme couronnement

de ces premiers travaux est placée la philosophie ; non point cette philosophie toute païenne qui ne s'appuie que sur les lumières de l'esprit humain, et qui a fourni autant de systèmes que de philosophes ; mais la philosophie telle qu'on l'enseigne ici, c'est-à-dire une philosophie chrétienne, fondée sur la croyance de notre sainte religion, et par conséquent immuable comme elle. C'est alors que notre intelligence, suffisamment préparée à recevoir de plus hauts enseignements, pourra se disposer, par des études spéciales, à entrer dans la carrière où sa vocation l'appellera. Si cette carrière est celle du droit, par exemple, jamais le jurisconsulte, l'avocat ou le magistrat ne regrettera le temps qu'il aura passé à l'étude des sciences ; car souvent, dans l'exercice de ses fonctions, il aura l'occasion de les appliquer, soit par lui-même, soit par des experts, dont il sera bien aise de pouvoir contrôler les opérations. Si son goût pour les sciences porte un élève à la fin de ses classes à se présenter à l'École polytechnique, — comme moi j'en ai l'intention, par exemple, — loin d'abandonner l'étude des belles-lettres, il aimera à les cultiver comme un délassement agréable, quand ses occupations principales lui en laisseront le loisir.

— Mais un pareil travail est effrayant ; à t'entendre, il faudrait, au sortir du collége, recommencer des travaux plus grands et plus pénibles que ceux qui nous ont occupés pendant sept à huit ans.

— Sans doute, mon cher; car les études du collége ne sont qu'une préparation, comme je te l'ai dit, à des études et à des travaux bien autrement sérieux.

— Mais la vie d'un homme ne saurait y suffire.

— Elle y suffira si le temps en est convenablement employé. ·

— Oh ! tu reviens toujours à cette idée, et tu ne cesses de la reproduire à chaque instant depuis que M. le directeur nous a fait, il y a deux à trois ans, une conférence à ce sujet.

— C'est parce que plus j'avance en âge, plus je me pénètre de l'importance de cette vérité, et plus je voudrais la voir mettre en pratique par ceux à qui je porte intérêt.

— Je te remercie pour mon compte ; quant à moi, je ne vois pas la nécessité de consacrer ma vie à un travail ardu et continuel. Je le conçois

pour ceux qui ont, comme toi, la passion de
l'étude et de la science, ou pour ceux qui se des-
tinent à remplir des emplois publics dans la ma-
gistrature, dans l'administration, ou à embrasser
des professions libérales, comme celles d'avocat,
de médecin, etc.; mais moi, dont la position so-
ciale est indépendante, moi qui n'ai l'intention
d'exercer aucune fonction publique, pas même
celle de maire de village, de pair de France, ou de
garde-champêtre, à quoi bon irais-je me casser la
tête à apprendre des choses qui ne me seront d'aucune utilité? J'en ai bien assez de mes huit ans de
travaux au collége, et je crois avoir acquis le droit
de me reposer.

— Sur tes lauriers, sans doute?

— C'est méchant ce que tu dis là, parce que
tu sais que je n'aurai pas de prix cette année; mais
j'ai eu assez de couronnes dans les années précédentes pour pouvoir me consoler de l'échec que je
subirai celle-ci.

— Tu me prêtes une intention qui est bien
loin de ma pensée, mon cher Edmond; tu devrais
me connaître assez pour savoir qu'il n'est point
dans mes habitudes de faire des allusions bles-
santes envers qui que ce soit, à plus forte raison

envers toi. Toutefois j'avoue que ton langage de tout à l'heure m'a étonné, et je ne saurais m'imaginer que tu parlais sérieusement en disant que tes travaux et tes études classiques te paraissaient avoir suffisamment éclairé ton intelligence, et que désormais tu la laisserais reposer dans l'inaction.

— Ce n'est pas là ce que j'ai voulu dire ; seulement j'entends ne plus être astreint à un travail journalier et à heure fixe comme au collège. Non, je ne veux pas laisser mon intelligence dans l'inaction ; je ne veux pas non plus la fatiguer par un labeur trop pénible. D'ailleurs tu sais bien que je n'en ai pas encore fini avec les études, puisque mon père s'est mis dans la tête de me faire suivre l'an prochain un cours de droit, je ne sais trop pourquoi, je l'avoue, puisqu'il ne songe pas à faire de moi un magistrat ni un jurisconsulte, et que je n'aurai probablement jamais l'occasion de me servir de mon code, pas plus que de parler le grec et le latin, que j'ai passé huit ans à apprendre.

— Il y aurait beaucoup à dire sur ton explication ; mais je ne veux pas entamer aujourd'hui une discussion à ce sujet, attendu que tu éprouves je ne sais quel mécontentement qui t'indispose pour le moment. Plus tard tes idées changeront, ou se modifieront, et tu comprendras mieux ce que j'aurais à te dire. »

Le mécontentement qu'éprouvait Edmond venait de ce qu'effectivement cette année, en philosophie, il n'avait pas eu les succès brillants qui lui avaient valu tant d'applaudissements les années précédentes, et qu'il ne pouvait espérer — comme il n'obtint, en effet, — aucun prix au concours.

Lucien, au contraire, fut couronné plus que jamais il ne l'avait été; tous les premiers prix de philosophie, de mathématiques, de physique et de chimie lui furent décernés.

Adhémar, dont nous n'avons pas parlé depuis longtemps, — ce qui ne signifie pas pour cela qu'il n'y eût rien à en dire, — avait aussi suivi le cours de philosophie avec ses cousins. Grâce aux encouragements de Lucien, qui lui expliquait ce que son intelligence avait quelquefois de la difficulté à comprendre, grâce surtout à son bon sens naturel, à son application soutenue, il fit en philosophie des progrès plus remarquables qu'il n'en avait fait auparavant dans ses classes

d'humanités et de grammaire. Il laissa loin der-
rière lui le brillant Edmond, réalisant une fois
de plus — selon la remarque de Lucien — la
fable *le Lièvre et la Tortue,* fable qui pourrait
aussi bien avoir pour titre *le Prix du temps.*
Tandis qu'Edmond n'avait pas même une nomination, Adhémar eut le second prix de disser-
tation française et un troisième accessit en dis-
sertation latine. C'était merveilleux pour lui.
Mais le prix le plus beau qu'il obtint, et dont
la proclamation fit couler de bien douces larmes
des yeux de sa mère, ce fut le premier prix de
bonne conduite, véritable prix d'honneur décerné
par le suffrage unanime de ses maîtres et de ses
condisciples.

Cette année-là toute la famille de Noironte
assistait à la cérémonie ; la baronne douairière
elle-même, malgré son grand âge, Mlle Henriette,
sa fille, qui vivait presque comme une cénobite
depuis le mariage de ses frères et de sa sœur,
et Mme la chanoinesse de Juvigny, qui menait
aussi une vie très-retirée, avaient voulu accompagner M. et Mme de Noironte, M. et Mme de
Luzac, afin d'assister au moins cette fois, qui
était la dernière, à une touchante fête de fa-

mille, dont chaque année on leur faisait de si brillants récits. J'oubliais encore les deux jeunes demoiselles de Luzac, Alice et Berthe, les sœurs d'Adhémar, âgées l'une de dix, l'autre de douze ans, et qui n'étaient pas les moins empressées à prendre part au triomphe de leur frère et de leurs cousins.

Nous n'avons pas besoin de dire avec quels élans de joie, avec quelles larmes de bonheur furent accueillis par tous les membres de cette famille les heureux lauréats. Seul, au milieu de ces transports et des caresses que recevaient ses cousins, Edmond était sérieux et pensif.

Faut-il, se disait-il, que pour la première et la dernière fois que ma bonne maman, ma tante Henriette, ma tante de Juvigny et mes petites cousines viennent assister à cette fête, je sois le seul de nous trois dont le nom n'ait pas même été une seule fois proclamé !... Mon père et ma mère ne m'adressent aucun reproche...; ils me sourient comme à l'ordinaire; mais je vois le nuage de tristesse qui couvre leurs fronts malgré les efforts qu'ils font pour le cacher... Oh ! je souffre cruellement !... Ah ! si j'avais, comme Adhémar, écouté les conseils de Lucien, et que j'eusse mieux em-

ployé mon temps, je me serais épargné cette douleur amère !... Mais il est trop tard, et j'apprends
aujourd'hui à mes dépens ce qu'on m'a répété
tant de fois : « Le temps perdu ne se retrouve
jamais ! »

Tout le monde avait remarqué la tristesse
d'Edmond, et, par un sentiment de délicatesse
facile à comprendre, personne de la famille n'a-
vait eu l'idée de faire la moindre allusion à sa
mésaventure. Son père et sa mère, comme il
l'avait observé lui-même, lui montraient le même
visage qu'à l'ordinaire. Mais, au moment où l'on
allait lever la séance, la petite Berthe, en véritable *enfant terrible,* s'avisa tout à coup de dire à
haute voix :

« Pourquoi donc qu'on ne donne pas des prix
et des couronnes à Edmond comme à mon frère
et à Lucien? Moi, je veux qu'on lui en donne
aussi, nà...

— Veux-tu te taire, petite sotte! » lui dit tout
bas sa mère en la serrant fortement par le bras
pour l'interrompre.

Mais Edmond, comme tous les voisins, avait
entendu les paroles de sa cousine. Il n'y tint
plus; les efforts qu'il avait faits jusque-là pour

se contenir ne firent qu'accélérer la crise, et des larmes s'échappèrent de ses yeux comme un torrent qui rompt ses digues. Sa mère voulut en vain l'apaiser; ses sanglots ne faisaient que redoubler. M. de Noironte le prit par le bras pour l'emmener, et eut toutes les peines du monde à le calmer.

CHAPITRE VI

Le retour de l'enfant prodigue.

Douze ans se sont écoulés depuis le jour où les trois cousins ont quitté le collége de Pont-le-Voy. Transportons le lecteur à Noironte, et, avant de remettre en scène nos principaux personnages, écoutons une conversation qui nous mettra sommairement au courant des principaux événements qui se sont accomplis dans ce laps de temps.

Deux hommes sont assis près d'une table dans un des principaux cabarets du village, et causent ensemble en fumant leur pipe et en buvant du vin. L'un est un vigoureux gaillard, d'une quarantaine d'années environ, au visage basané, à

l'œil vif, à la lèvre ornée d'une épaisse moustache noire, à la tournure martiale. Il est vêtu
d'une veste de chasse verte à boutons jaunes
aux armoiries de la famille de Noironte ; un large
baudrier portant une plaque dorée où sont gra-
vées les mêmes armoiries descend de son épaule
droite au côté gauche, et soutient un couteau de
chasse dont la poignée argentée sort d'un four-
reau de cuir noir. A ce costume, nos lecteurs
ont reconnu sans doute un garde particulier du
château.

Il serait plus difficile de déterminer à ses vête-
ments et à sa tournure la profession de son inter-
locuteur, petit vieillard de cinquante et quelques
années, à la figure blême, à la redingote râpée
et d'une couleur douteuse, aux gestes solennels,
à la voix chevrotante, et au chapeau gras et dé-
formé, qui couvre son chef en laissant échapper
çà et là quelques mèches grisonnantes ; mais les
premiers mots de la conversation de nos deux buveurs nous auront bientôt révélé l'état social du
dernier.

« A votre santé, père Ventrier ! dit le garde
en tendant son verre plein vers celui de son
partenaire.

— A la vôtre, monsieur Hubert! répéta le père Ventrier.

— Ainsi donc, reprit le garde après avoir vidé son verre et essuyé sa moustache, vous avez abandonné tout à fait le métier de maître d'école?

— Oui, et c'est la faute à M. Poncelin, votre ancien curé, et à Mme la douairière de Noironte, votre ancienne maîtresse; mais ils sont morts tous deux, et je ne leur en veux plus. Dieu veuille avoir leur âme!

— Comment donc que M. le curé et Mme la baronne sont cause que vous avez quitté l'enseignement?

— Parce que l'abbé Poncelin prétendait que je m'enivrais, et Mme la baronne a écrit à son fils M. le baron, qui était à Pont-le-Voy, de me chercher un remplaçant; et, en revenant ici, M. le baron a ramené l'instituteur qui y est encore. Après cela, j'ai voulu m'établir ailleurs; les curés m'ont toujours adressé les mêmes reproches, probablement parce qu'ils étaient prévenus par leur confrère l'abbé Poncelin...

— Ou bien, interrompit le garde en souriant, parce qu'ils y voyaient aussi clair que lui.

— Oh ! çà, monsieur Hubert, personne ne peut dire que je suis un ivrogne.

— Aussi je me garde bien de le dire ; seulement vous aimez à boire un verre de vin comme moi : et où est le mal, quand on le supporte bien ? A votre santé, père Ventrier ! fit-il en versant une nouvelle rasade, et continuez votre histoire. »

Après avoir trinqué de nouveau, le père Ventrier reprit :

« Oh ! mon histoire est bientôt finie. J'ai dit un adieu définitif à l'enseignement, et je suis allé au chef-lieu du département, où je suis entré comme clerc dans une étude d'huissier.

— Comme clerc ? mais je croyais qu'on ne prenait que des jeunes gens.

— Oui ; mais pour certaines fonctions on a besoin d'hommes majeurs, pour servir de témoins et aider, quand il est nécessaire, le patron dans certaines exécutions, comme saisies, etc.

— Ah ! j'entends ; c'est ce qu'on appelle recors, je crois.

— Autrefois, oui ; mais maintenant on nous

appelle simplement témoins, et souvent on nous qualifie de *praticiens.*

— C'est beaucoup plus honorable ; mais est-ce que vous êtes venu ici, par hasard, *pratiquer* quelque chose de votre métier?

— Oh! non; d'ailleurs, je ne le pourrais pas; je n'ai pas qualité pour instrumenter seul. Je suis venu simplement porter la copie d'un jugement à la ferme du *Bois-Brûlé,* et je n'ai pas voulu passer si près de Noironte sans y entrer pour me rafraîchir et trinquer avec quelques anciennes connaissances, si j'en rencontrais. Je vous ai trouvé, et voilà. A votre santé !... Combien il a dû se passer de choses depuis dix ans que j'ai quitté le pays! Croiriez-vous que je n'ai pas rencontré, sur vingt personnes que j'ai trouvées sur mon chemin, un visage de connaissance, et que vous-même, monsieur Hubert, sans votre uniforme je ne vous aurais pas reconnu?

— Oh! bien, moi, du plus loin que je vous ai aperçu, je me suis dit : Tiens! voilà le père Ventrier. Je vous ai reconnu comme si je vous avais quitté hier. Est-il possible qu'il y ait dix ans que vous soyez parti !

5*

— Tout autant. Comptons : combien y a-t-il que Mme la baronne douairière est morte?

— Neuf ans.

— Et M. le baron son fils?

— Six mois après sa mère ; ça fait juste huit ans et demi.

— C'est bien ça. Eh bien, moi, je suis parti de Noironte juste un an avant la mort de la baronne, puisqu'à cette occasion j'ai reçu de Mlle Henriette trente francs que j'avais réclamés inutilement à sa mère pour le traitement de mon dernier mois, et que la vieille baronne m'avait toujours refusés sous prétexte que je n'avais pas fait la classe pendant tout ce mois. Mais la bonne demoiselle, aussitôt après la mort de sa mère, m'a fait remettre cette somme en me disant de prier pour sa mère; et six mois après elle m'a encore fait parvenir quinze francs en me recommandait de prier pour son frère le baron, qui venait de mourir.

— Et je parie, père Ventrier, dit Hubert en riant, que vous avez bu tout cet argent-là à la santé des morts. A la vôtre, en attendant!

— Pour ça, vous vous trompez; j'ai dit tous

les jours un *De profundis* pour le repos de leur âme; mais j'avoue que j'ai bu autant de chopines à la santé de Mlle Henriette. A propos, qu'est-elle devenue cette brave demoiselle?

— Quelques mois après la mort de son frère, elle est entrée dans un couvent à Paris, où elle s'est faite religieuse; puis elle a fait venir dans le même couvent, en qualité de pensionnaires, ses deux nièces, Mlles Alice et Berthe de Luzac, et elle les y a gardées jusqu'à la fin de leur éducation.

— Ah! oui, je sais, les filles de M. le chevalier de Luzac; mais je me suis laissé dire dans le temps que ces jeunes filles, qui doivent être aujourd'hui de grandes demoiselles, devaient épouser leurs cousins, l'une M. Edmond de Noironte, et l'autre M. Lucien de Marville : est-ce qu'il n'est plus question de ces mariages?

— Toujours, c'est-à-dire seulement de celui de M. Lucien avec Mlle Alice; quant à celui de M. Edmond avec Mlle Berthe, il est bien aventuré.

— Et pourquoi?

— Parce que M. Edmond, après la mort de

son père, a mené grand train la vie à Paris, et
a fait des dettes considérables ; M. de Luzac, son
oncle, s'est fâché ; il a refusé de payer ses dettes,
et a juré ses grands dieux qu'il n'aurait pas sa
fille.

— Bah ! après tout, faut bien que jeunesse se
passe ; ce sont de petites fredaines de son âge,
que les grands parents finissent toujours par pardonner.

— C'est bien aussi ce que je dis ; et puis c'est un
si bon enfant que M. Edmond ! mais M. le chevalier n'est pas de notre avis, et il paraît qu'il est
toujours furieux contre son « coquin de neveu »,
comme il l'appelle. D'ailleurs, pour lui pardonner,
il faudrait qu'il fût ici, et voilà trois ans qu'on ne
sait pas où il est et qu'il n'a donné de ses nouvelles, ce qui contribue encore à irriter son oncle
contre lui.

— Comment ! il n'a pas donné de nouvelles
depuis trois ans ! Il est peut-être mort.

— Il paraît que non ; tout ce qu'on sait, c'est
qu'il est vivant ; mais on ignore complétement où
il est et ce qu'il fait.

— C'est singulier ! Ah çà ! mais il a donc fait des

dettes énormes, pour en être réduit à se cacher ainsi? Savez-vous à quel chiffre à peu près se montent ses dettes?

— Je n'en sais rien; tout ce que je sais, c'est que je n'ai jamais connu un meilleur vivant que lui. Dieux! quelle fête, quel mouvement, quel tapage quand il venait ici avec une demi-douzaine de ses amis de Paris! Tout le château était sens dessus dessous; puis c'étaient des chasses comme on n'en avait jamais vu dans le pays, et comme on n'en verra jamais; des chasses à courre au cerf, au sanglier, au chevreuil; des meutes nombreuses avec leurs relais, des cavaliers, des veneurs, des valets de chiens. Toute la journée la forêt reten-tissait des cris de : Tayaut! tayaut! et des sons de la trompe sonnant le lancer, le débucher ou l'hallali! Oh! comme je m'en donnais à cœur joie! jamais je ne m'étais trouvé à pareille fête. Puis, au retour, on faisait la curée aux flambeaux dans la cour d'honneur du château; ensuite on se mettait à table. Quels repas! quinze à vingt cou-verts dans la salle à manger, trente à quarante à l'office; des pyramides de gibier, de volailles, de pâtisseries fines, quoi! puis du vin..., ah! mon cher Ventrier, quel vin! rien que d'y pen-

ser, l'eau m'en vient à la bouche... A votre santé,
mon bonhomme !

— A la vôtre, monsieur Hubert! je comprends
que tout cela devait faire un fameux branle-bas;
mais est-ce qu'il n'y avait personne pour faire des
observations à M. Edmond ?

— Personne. Sa tante, Mlle Henriette, qu'on
appelle aujourd'hui Mme Thérèse-des-saints-Anges,
était au couvent; son oncle, le chevalier de Luzac,
était dans sa terre de Normandie. Il n'y avait ici
que la vieille chanoinesse, devenue sourde et impo-
tente, qu'on avait reléguée dans sa chambre, tout
au fond de l'aile gauche du château, où elle pouvait
dormir et réciter son bréviaire sans être interrompue par le bruit. Il y avait bien encore Mme la baronne, la mère de M. Edmond; elle lui adressait
bien quelques remontrances; mais il lui fermait la
bouche par une caresse, en lui disant, comme nous
disions tout à l'heure :

« — Faut bien que jeunesse se passe; je vous
promets, maman, d'être sage l'an prochain. »

« Et la bonne dame, — qui, entre nous, est
un peu faible de caractère, et qui est bien loin
d'avoir la tête de défunte la douairière, — se con-

tentait de soupirer et de prier le bon Dieu en silence.

« Mais la vie que M. Edmond menait au château n'était rien en comparaison de celle qu'il menait à Paris. Un jour que j'étais allé lui porter le prix d'une coupe de bois qu'il venait de vendre, et que je m'étais fait accompagner d'un chevreuil et d'une bourriche de faisans et de perdrix, il m'a fait rester près de huit jours à son hôtel. Ah! oui, c'en était ça une vie, une vraie vie de viveurs, comme il disait. C'étaient, dans la journée, des courses ou des promenades à cheval au bois de Boulogne; le soir, des dîners à vingt-cinq francs, trente francs, cinquante francs par tête; puis des nuits passées au bal ou au jeu. Il faut tout de même qu'il ait un fameux tempérament; car moi, qui vous parle, et qui ne suis pas trop chétif, quinze jours de cette vie-là suffiraient pour me mettre sur le flanc.

— Je comprends qu'il devait dépenser des sommes énormes; comment y faisait-il face? Quoiqu'il soit riche, ses revenus ne devaient pas y suffire.

— Bah! ses revenus! en trois mois tout était

mangé; alors il m'envoyait l'ordre de vendre une coupe ou deux de bois. Il appelait cela mettre les écureuils à pied. Puis, quand cela n'a plus suffi, il a emprunté tant et tant, que l'oncle de Luzac a fini par se fâcher, et qu'un beau jour il est arrivé ici, où il s'est installé avec toute sa famille, et a pris en main la gestion des affaires.

— Mais de quel droit? Il n'avait pas, que je sache, fait interdire son neveu comme insensé; il ne lui avait pas fait donner un conseil judiciaire comme à un prodigue; M. le baron Edmond est majeur, propriétaire du domaine de Noironte, et par conséquent personne n'a le droit de l'empêcher de le vendre en tout ou en partie, de l'hypothéquer, etc.

— Je ne pourrais pas vous dire de quel droit agit M. de Luzac, je ne connais pas comme vous tous les termes de chicane; tout ce que je sais, c'est que le domaine n'appartient pas en entier à M. le baron Edmond; il n'en a que le quart; un autre quart appartient à son oncle le chevalier, un autre à Mlle Henriette, la religieuse; et le quatrième quart appartient à M. Lucien de Marville, comme étant aux droits de sa mère,

qui était une demoiselle de Noironte ; et, comme
M. de Luzac s'est fait donner la procuration de
sa sœur et de son neveu Lucien, il en résulte que
c'est lui qui tranche et taille comme il l'entend
pour les trois quarts des revenus du domaine,
laissant l'autre quart seulement pour payer les
créanciers de M. Edmond.

— C'est pourtant vrai, cela, dit à demi-voix
l'ancien maître d'école et comme se parlant à
lui-même ; je n'y avais pas pensé. »

Puis, élevant la voix, il reprit :

« Et M. Lucien de Marville n'a pas imité les
fredaines de son cousin ?

— Il n'y a pas de danger. Pendant que M. Éd-
mond était censé suivre les cours de l'École de
droit, M. Lucien était à l'École polytechnique,
où il piochait rude, je vous en réponds, et ne
songeait guère à s'amuser. Pendant le même
temps, son autre cousin, qu'on appelle Adhémar,
le fils de M. de Luzac, était au séminaire de
Saint-Sulpice, où il recevait la tonsure vers
l'époque où M. Lucien sortait de l'École polytechnique pour passer à l'École d'application des
ponts et chaussées ; puis, quand celui-ci sortait

de cette école avec le titre d'ingénieur, M. Adhémar sortait du séminaire avec le titre de prêtre.

— Comment! le fils de M. le chevalier de Luzac
s'est fait prêtre! un fils unique!

— Avec deux sœurs, dit en riant Hubert.

— Oui, mais qui ne conserveront pas le nom
de leur père.

— L'une du moins l'aurait conservé, — car
M. de Luzac est un Noironte, il ne faut pas l'oublier, — si elle eût épousé son cousin Edmond;
mais, comme je l'ai dit, il ne paraît pas que
ce mariage-là se fasse de sitôt, s'il se fait jamais.

— Bah! que sait-on? on a vu des choses qu'on
croyait à jamais rompues se raccommoder. C'est
tout de même dommage pour ce pauvre M. Edmond s'il est ruiné, car ce mariage le remonte-
rait un peu. Et celui de M. Lucien, est-il question
de le faire bientôt?

— On croit qu'il se fera dans très-peu de temps.
On attend aujourd'hui même ou demain M. Lucien, qui lui aussi n'est pas venu ici depuis
trois ans, mais qui du moins donnait de ses nouvelles régulièrement. Il doit arriver avec son

cousin M. l'abbé Adhémar, qui est vicaire dans je ne sais plus quelle ville de Normandie.

— Et M. Lucien, lui, n'a pas mangé son héritage, sans doute, ni fait de dettes?

— Manger son héritage, faire des dettes, lui! ah! par exemple, si on me le disait, je croirais plutôt que le soleil se lèvera demain du côté du couchant. Au lieu de faire des dettes, il gagne de l'argent plus qu'il ne veut, et je parierais qu'il a déjà au moins gagné plus que la valeur de son héritage, qu'on évalue pourtant à trois à quatre cent mille francs en comptant ce qui lui revient du côté paternel.

— Il est donc avare, pour amasser autant d'argent?

— Lui, avare! ah! vous ne le connaissez guère; il n'y a peut-être pas sur la terre d'homme plus généreux que lui; seulement, dame! il ne fait pas comme son cousin, il ne jette pas l'argent par les fenêtres et sans compter; et cependant l'argent lui vient de tous côtés. Les grandes compagnies de chemins de fer se l'arrachent pour le faire travailler et pour avoir des plans de lui. Vous ne pourriez pas vous imaginer le nombre de ponts, de viaducs, de gares qu'il a fait construire, quelquefois deux ou trois en même temps; et faut voir si ça lui rapportait des pièces de cent sous et des louis d'or! Je me suis laissé dire que je ne sais plus quelle compagnie lui a payé cinquante mille francs rien que le dessin d'une locomotive de son invention, et qu'après que la machine a été exécutée, elle lui paie encore tant par an pendant toute la durée du brevet d'invention qu'il a pris.

— Mais à ce compte il doit être déjà riche comme un Crésus, et probablement que, quand il sera marié, il se retirera des affaires.

— Ah! bien oui, se retirer! il aime trop le travail pour cela; c'est un homme qui ne peut jamais rester un instant oisif, et d'ailleurs le travail ne lui coûte pas plus qu'à vous et à moi d'avaler ce verre de vin. A votre santé!

— En ce cas, observa le père Ventrier après avoir bu, M. le chevalier de Luzac doit bien aimer son neveu Lucien.

— S'il l'aime! ah! je crois bien; il ne parle que de lui, ne jure que par lui, et quoique, entre nous, le vieux chevalier soit passablement

entêté, qu'il n'écoute ni sa femme ni son fils,
qui est pourtant un digne ecclésiastique, bien
sensé, bien raisonnable, eh bien, son neveu lui
fait faire tout ce qu'il veut ; il l'écoute comme
un oracle, et je suis sûr que si M. Lucien
s'était mis dans la tête de lui persuader que ce
verre de vin rouge est blanc, il finirait par le
croire. »

Ici la conversation de nos deux buveurs fut
interrompue par l'arrivée d'une voiture qui s'ar-
rêta devant la porte de l'auberge. Deux personnages en descendirent. L'un, proprement vêtu
d'une redingote noire, et portant un portefeuille-
serviette sous son bras, entra dans l'auberge,
après avoir dit à son compagnon de s'occuper
du cheval et de faire remiser la voiture. Ce
second personnage, dont la mise était aussi râpée
que celle du père Ventrier, mais qui était plus
jeune, plus maigre et plus grand que l'ancien
maître d'école, avait pour principal vêtement une
houppelande boutonnée jusqu'au menton, avec
un col carcan ne laissant apercevoir aucune trace
de linge, ce qui faisait douter qu'il eût une che-
mise. Son visage passablement grêlé, orné d'une
petite moustache, et son chapeau penché crâne-

ment sur l'oreille gauche, lui donnaient un air de fier-à-bras, que ne démentait pas une canne, ou plutôt un gourdin, qu'il tenait de la main droite en lui faisant faire de temps en temps le moulinet et d'autres exercices de bâtonniste.

Tandis que cet individu veillait à la besogne dont on l'avait chargé, l'homme au portefeuille entra dans l'auberge, et, en apercevant le père Ventrier, il lui fit un signe, auquel l'autre répondit sans que le garde Hubert s'en aperçût. Aussitôt l'ancien maître d'école dit à son compagnon :

« Mon cher monsieur Hubert, je suis bien fâché de vous quitter; mais il se fait tard, j'ai quelque chose à écrire, et il faut que je sois rendu de bonne heure à la station du chemin de fer pour prendre le convoi; vous savez, les affaires avant tout, comme dit le proverbe.

— Vous avez raison, père Ventrier; moi-même je crains d'être en retard, et j'ai une longue tournée à faire aujourd'hui. Ainsi, sans adieu, et au revoir. »

Ils se donnèrent une poignée de main, et le garde-chasse sortit de l'auberge.

Dès que le nouveau venu se vit seul dans la chambre avec le père Ventrier, il s'approcha de lui et lui dit à voix basse, pour ne pas être entendu des personnes de la maison qui allaient et venaient :

« Eh bien, avez-vous fait quelque découverte? l'oiseau est-il rentré dans son nid?

— Non, Monsieur, et même il paraît qu'on ne l'y attend pas : ce sont seulement ses cousins, M. Lucien de Marville, l'ingénieur, et M. l'abbé Adhémar de Luzac, qui sont attendus au château aujourd'hui ou demain. Il paraît que vous avez été mal informé.

— C'est vous-même qui êtes mal renseigné. J'ai été averti ce matin par une dépêche télégraphique de mon confrère de Paris que les trois cousins étaient partis de la gare du boulevard Mazas par le train de 10 heures 40 minutes du soir; ils auraient dû être arrivés ici ce matin même, et, s'ils ne le sont pas, c'est que probablement ils se seront arrêtés à Tonnerre ou à Dijon, et qu'ils arriveront par le train de 4 heures du soir. Il n'est que deux heures; il faut une heure pour nous rendre à la station;

nous allons faire manger l'avoine à mon cheval, et nous repartirons immédiatement pour la station, de manière à arriver un peu avant le convoi, et à pincer notre homme à sa sortie des wagons.

— Mais, Monsieur, puisque votre confrère de Paris l'a reconnu et qu'il a si bien suivi sa piste, pourquoi ne l'arrêtait-il pas lui-même?

— Est-ce qu'il le pouvait, puisque je suis porteur du dossier et de la grosse exécutoire du jugement, qu'il m'avait envoyés depuis trois ou quatre jours? D'ailleurs, quand il aurait eu ces pièces, il n'aurait pu encore s'en servir, puisqu'on ne peut arrêter un prisonnier pour dettes après le coucher et avant le lever du soleil. Comment! vous ne savez pas encore cela, depuis trois ans que vous travaillez dans mon étude?

— Ah! Monsieur, c'est que ces cas-là ne se présentent pas souvent, et je ne me rappelle pas qu'il y en ait eu depuis que vous m'employez; nous avons fait force saisies-exécutions, saisies-arrêts, saisies-brandons; mais nous n'avons pas opéré d'arrestation.

— C'est vrai, dit Mᵉ Butet comme en se parlant à lui-même; c'est une aubaine assez rare pour nous autres huissiers de province; aussi je tâcherai de ne pas laisser échapper celle-ci.

— Mais, Monsieur, est-ce qu'il ne serait pas plus facile et plus sûr de l'attendre ici, si vous êtes certain qu'il doit y venir?

— Non pas, et ce n'est que bien malgré moi que je me verrais forcé d'opérer ici; qui sait? au milieu de sa famille, de ses domestiques, des gens du pays, qui sont dévoués à cette famille, il pourrait y avoir quelque résistance, du bruit, du scandale, et... peut-être bien des coups, dont vous, mon cher Ventrier, vous pourriez bien attraper votre bonne part en votre qualité d'ancien maître d'école d'ici aux gages de Mme la baronne douairière de Noironte, aujourd'hui assistant en qualité de recors Me Butet, huissier, procédant à l'arrestation de son petit-fils. »

Le bonhomme Ventrier, qui n'avait pas pensé à ce petit incident, frissonna de la tête aux pieds en entendant parler son patron.

« Mais, Monsieur, balbutia-t-il, je pensais..., je croyais... qu'ici, sur les lieux, on aurait pu arranger l'affaire en douceur, prendre des arrangements avec Mme la baronne, la mère de M. Edmond, et

6

avec M. de Marville, son cousin, de manière à assurer le paiement de la créance, sans en venir à une arrestation.

— Eh! je m'embarrasse bien du paiement de la créance! qu'ils s'arrangent comme ils voudront, cela ne me regarde pas. Ce qui m'intéresse, c'est de ne pas perdre le produit de mes vacations dans cette affaire, et, pour ne pas les perdre, il faut opérer; je ne connais que cela. Ici cela eût peut-être été dangereux; mais à la station nous n'aurons personne qui puisse nous gêner, et, de plus, il y a des gendarmes, dont je pourrai requérir l'assistance au besoin. Maintenant que vous vous êtes rafraîchi, à ce que j'ai vu, allez relever votre collègue Pincedur, et envoyez-le ici pour qu'il se rafraîchisse à son tour. Aussitôt que le cheval aura fini son avoine, vous le ferez boire; puis vous ferez atteler sur-le-champ. »

L'ancien maître d'école sortit l'oreille basse, réfléchissant aux inconvénients du métier, et souhaitant de tout son cœur que cette affaire se terminât sans qu'il en attrapât quelques horions.

Un quart d'heure après, l'huissier et ses deux

recors montaient en cabriolet, et se dirigeaient rapidement vers la station.

A quatre heures précises, un train venant de Paris s'arrêtait à la station. Mᵉ Butet et ses acolytes étaient à leur poste, guettant sans affectation la sortie des voyageurs, et paraissant eux-mêmes des voyageurs qui attendaient le passage d'un autre convoi.

« Le voilà ! le voilà ! dit tout bas Ventrier à son patron.

— Lequel est-ce des deux habillés en bourgeois ? car, à coup sûr, ce n'est pas celui qui porte une soutane.

— C'est celui qui donne le bras à l'abbé ; M. Lucien de Marville marche devant eux.

— C'est bien ; suivons-le sans le perdre de vue une minute, et sans cependant nous faire remarquer. Bon ! les voilà qui entrent dans l'hôtel des voyageurs, sans doute pour demander une voiture qui les transportera à Noironte. Entrons-y après eux. »

Pincedur s'avança sur les pas de son patron, la tête haute, l'air provocateur, et tenant sa canne droite comme un fusil au port d'armes.

Ventrier suivait en baissant les yeux ; ses jambes
flageolaient sous lui, et son cœur battait à rompre
sa poitrine.

Au moment où ils entrèrent dans la salle, le
maître de l'hôtel, le bonnet de coton à la main,
se confondait en révérences, en exclamations de
surprise à la vue des trois cousins.

« Y a-t-il longtemps qu'on ne vous a vus tous
les trois ensemble dans le pays ! Monsieur l'abbé
y venait encore quelquefois ; mais je ne crois pas
avoir vu monsieur de Marville plus de deux fois
depuis dix ans... Et monsieur le baron Edmond ?
vous avez donc abandonné la chasse dans votre
belle forêt ? Hubert me disait encore dernièrement qu'elle regorgeait de gibier... »

Lucien coupa court à ce bavardage en deman-
dant promptement une voiture.

« Dans dix minutes elle sera prête, dit l'hôte ;
en attendant, ces Messieurs veulent-ils passer au
salon et prendre quelques rafraîchissements ? Mais
comment se fait-il qu'on n'a pas envoyé à ces
Messieurs une voiture du château ?

— C'est parce que nous n'étions pas sûrs de
l'heure de notre arrivée, ayant été forcés de nous
arrêter en route. »

Tout en parlant, Lucien entrait dans le salon avec l'abbé, sans faire attention qu'Edmond ne les suivait pas.

Presque au même instant, l'hôte se précipita d'un air effaré dans la chambre.

« Oh! Messieurs, Messieurs, quel malheur! voilà un huissier, avec ses deux recors, qui est en train d'arrêter M. le baron de Noironte!

— Edmond! Et où est-il? s'écria Lucien en se levant.

— Tenez, les voilà qui l'emmènent; puis voyez-vous les gendarmes, qui les suivent à distance pour leur prêter main-forte en cas de besoin? »

Lucien et l'abbé furent en un instant auprès du groupe, qui n'était encore qu'à vingt pas de la maison.

« Que signifie cela? dit Lucien en arrivant auprès d'eux et en regardant tour à tour Edmond et l'huissier.

— Cela signifie, répondit Edmond d'un ton triste mais résolu, que Monsieur m'a arrêté en vertu d'un jugement régulier, et qu'il me conduit en prison.

— C'est-à-dire que nous allons seulement à la maison de la gendarmerie, où nous attendrons le train qui se dirige vers Paris, où Monsieur sera régulièrement incarcéré à la prison pour dettes.

— Et pourquoi n'êtes-vous pas resté à l'hôtel? Vous pouviez tout aussi bien y attendre le départ du train, sans craindre que votre prisonnier vous échappât.

— Je le voulais aussi; c'est M. le baron qui s'y est opposé formellement, et qui a demandé à être conduit sans retard au dépôt de la gendarmerie. »

Lucien jeta à son cousin un regard interrogateur, et celui-ci répondit simplement d'une voix empreinte d'une douleur amère :

« C'est vrai. »

Lucien réfléchit un instant; puis, s'adressant à l'officier ministériel :

« Monsieur, lui dit-il, il y a ici quelque malentendu que je ne m'explique pas; veuillez me permettre de causer en particulier pendant cinq minutes avec mon cousin; nous allons nous asseoir sur ce banc (on était dans une allée de peupliers qui longeait la voie ferrée, et servait de promenade aux habitants du village voisin en même temps que de chemin pour se rendre de ce village à la station). Vous vous tiendrez avec vos hommes à une distance suffisante pour ne pas nous perdre de vue; d'ailleurs, mon cousin l'abbé et moi nous vous donnons notre parole d'honneur que notre cousin de Noironte ne fera rien pour vous échapper. »

L'huissier consentit gracieusement, en ajoutant :

« Je vous accorde dix minutes, pas davantage. ,

— J'espère que cela suffira, » répondit Lucien.

Et il s'assit avec ses deux cousins sur le banc.

Dès que Mᵉ Butet et ses hommes se furent un peu éloignés :

« Voyons, Edmond, dit son cousin, hâte-toi de nous expliquer ce qui se passe.

— Rien de plus simple; c'est l'effet de la fatalité qui me poursuit, ou plutôt, maintenant que, grâce à vous deux, mes anciens sentiments religieux se sont réveillés en moi, je reconnais que c'est une dernière humiliation que Dieu exige de moi pour l'expiation de mes fautes passées; elle est amère, je le sens; mais je me résigne, et je boirai le calice jusqu'à la lie.

— Laisse là pour le moment tes sentiments de résignation, s'écria Lucien impatienté, et viens au fait, au fait simplement : voyons, de quoi s'agit-il?

— Il s'agit de la dette que j'ai contractée autrefois envers Benjamin Bloock, et dont je t'ai déjà parlé plusieurs fois; il avait obtenu jugement il y a trois à quatre ans, et il l'a fait signifier à ma mère. C'est alors que mon oncle s'est tout à fait fâché contre moi, et a déclaré à ma pauvre mère qu'il ne me reverrait jamais, et qu'il retirait sa parole relativement à mon mariage avec sa fille. Les choses en sont restées là depuis cette époque. Confiant dans l'espoir que vous m'aviez donné l'un et l'autre de me réconcilier avec ma famille, je revenais dans l'intention, comme vous le savez, de prendre des arrangements et de solder cette créance, la dernière qui me reste; je ne pensais plus que ce jugement entraînait la contrainte par corps, et je ne pouvais d'ailleurs supposer qu'on songeât à l'exercer, puisque j'ai encore assez de bien pour m'acquitter sans enchaîner ma liberté; et voilà qu'au moment de toucher au port, quand déjà je me flattais de l'espoir d'embrasser ce soir ma mère et peut-être mon oncle et mes cousines, me voilà, dis-je, frappé d'un coup de tonnerre qui me rejette au fond de l'abîme.

— Mais, mon cher Edmond, s'écria l'abbé, pourquoi te désespérer? Il y a peut-être moyen d'arranger les choses.

— Il n'y en a aucun; j'ai mesuré d'un coup d'œil ma position, et je n'y trouve pas d'issue. On me réclame à l'instant même quatre-vingt et quelques mille francs; il les faut immédiatement. Ce n'est pas ma mère, ce n'est pas mon oncle, qui me les donneront; d'ailleurs ils ne les ont certainement pas à leur disposition; puis ce serait une singulière manière de faire ma rentrée dans la maison paternelle. Ce n'est pas vous non plus, mes bons amis, qui pouvez me procurer cette somme; et, le pourriez-vous, que je ne le voudrais pas. Vous avez assez fait pour moi; maintenant abandonnez-moi à mon malheureux sort. Voilà ce qui s'est présenté à mon esprit aussitôt que cet homme m'a signifié le commandement d'avoir à lui payer telle somme, sinon de me reconnaître comme son prisonnier. J'ai courbé

6*

la tête, et, afin que les formalités de mon arrestation ne s'accomplissent pas dans l'hôtel où vous
étiez descendus et, pour ainsi dire, sous vos yeux,
j'ai exigé d'être transféré immédiatement à la
maison d'arrêt.

— Il faut que je parle à cet homme, » dit tout
à coup Lucien en se levant.

Et, s'approchant de l'huissier, il lui dit à demi-
voix, de manière à ne pas être entendu d'Edmond :

« A combien se monte la créance de mon cousin?

— Avec le capital, les intérêts et les frais faits
jusqu'à ce jour, cela se monte à quatre-vingt-
trois mille deux cent cinquante-deux francs vingt-
cinq centimes.

— Accepteriez-vous en paiement une traite de
pareille somme signée de moi, et payable à vue
sur la maison Rothschild?

— Certainement je crois la signature de Monsieur excellente; je suis persuadé que M. Rothschild ne manquera pas d'y faire honneur, et je
n'hésiterais pas à l'accepter si j'agissais pour mon
compte ; mais je ne suis ici qu'un instrument, et

il m'est expressément défendu d'accepter en paiement d'autres valeurs que des billets de banque ou
des espèces.

— Mais si M. Benjamin Bloock trouvait bonne
la valeur que je vous offre, et vous autorisait à
l'accepter en paiement de sa créance?

— Oh! alors pas de difficulté; seulement, en
attendant la réponse de M. Bloock, que nous ne
pouvons recevoir qu'après-demain, je serai obligé
de maintenir l'arrestation.

— C'est juste; seulement nous aurons la réponse
de M. Bloock dans deux heures au lieu de l'avoir
dans trois jours, et vous n'aurez pas à maintenir
votre arrestation plus longtemps.

— Il l'enverra donc par le télégraphe?

— Comme vous le dites; et c'est à vous-même
qu'il l'adressera. Allons au bureau de la station,
où je vous dicterai la dépêche, et où nous attendrons la réponse. Pendant ce temps-là, votre prisonnier restera dans une chambre de l'hôtel, sous
la garde de vos recors et en compagnie de mon cousin l'abbé. »

Cet arrangement fut accepté. Lucien s'empressa
de revenir auprès de ses cousins, et les engagea

à rentrer immédiatement à l'hôtel, où ils reste-
raient dans une chambre séparée pendant une
heure ou deux; et qu'ensuite ils partiraient tous
les trois pour Noironte.

Lucien avait en parlant un air radieux qui
ranima l'espoir d'Edmond.

« Qu'y a-t-il? qu'as-tu fait? Dis-le-moi, je t'en
prie, suppliait Edmond.

— Je te le dirai plus tard, dans deux heures,
dans une heure et demie peut-être. Jusque-là
reste tranquille, espère, et tu reconnaîtras une
fois de plus quel est le prix du temps. »

Il se rendit au télégraphe avec l'huissier, à qui
il dicta la dépêche suivante.

        « A M. Benjamin Bloock, banquier,
                « rue Thérèse.

« M. le baron Edmond de Noironte m'offre en
« paiement de ce qu'il vous doit une traite de
« pareille somme payable à vue chez M. Roth-
« schild, et souscrite devant moi par M. Lucien
« de Marville, ingénieur de la Compagnie du
« chemin de fer du Nord; puis-je l'accepter?
« Réponse immédiate. »

Moins de deux heures après le télégraphe répondait ainsi :

« A Mᵉ Butet, huissier.

« Acceptez la traite offerte, et remettez le dossier acquitté à mon débiteur.

« Signé : B. Bloock. »

Lucien ne fit qu'un saut du bureau du télégraphe à l'hôtel, et, entrant d'un air triomphant dans la chambre où se tenaient ses cousins :

« Victoire, mes amis ! » s'écria-t-il ; et il jeta le dossier sur les genoux d'Edmond.

Celui-ci, ému, sauta au cou de son cousin.

« O mon ami ! qu'as-tu fait encore ? J'ai tout deviné ; tu t'es engagé à payer pour moi, j'en suis sûr... Mais je ne saurais le souffrir...

— Eh bien, quoi ! qu'ai-je fait ? Ne crois pas que je te fasse un cadeau ; c'est un simple prêt que je te fais ; je me substitue à la place de ton vautour de Paris, voilà tout. Après cela, si tu aimes mieux avoir ton juif de Bloock que moi pour créancier, tu n'as qu'à le dire.

— O mon ami ! comment reconnaître un pareil trait !

— En ne m'en parlant plus, et en partant tout
de suite pour Noironte, où nous sommes attendus. »

La voiture était prête, en effet, et trois quarts
d'heure après elle arrivait au village. Il fut con-
venu que Lucien et Adhémar entreraient seuls au
château, et qu'Edmond attendrait à l'église le
résultat de leur entrevue avec ses parents.

Les deux cousins trouvèrent toute la famille
réunie dans le grand salon. Nous n'essaierons pas
de peindre les transports de joie qui les accueil-
lirent. Lucien, en embrassant Mme de Noironte,
lui dit :

« Ma tante, je vous apporte des nouvelles d'Edmond, et de bonnes, je puis vous l'assurer. »

Et en disant ces mots, son visage était radieux.

La mère, des larmes dans la voix, le presse de
s'expliquer ; tout le monde l'entoure et attend ce
qu'il va dire.

« Oui, reprit-il, personne mieux que moi ne
peut vous assurer que ces nouvelles sont bonnes ;
car depuis trois ans je ne l'ai pas quitté d'un
instant.

— Depuis trois ans ! s'écrièrent plusieurs voix,

comment! et quand tu nous écrivais, tu ne nous le disais pas!

— Il me l'avait défendu expressément. « Dis « à ma mère, me répétait-il chaque fois que je « vous écrivais, que tu sais que je suis vivant et « que je me porte bien; je ne veux lui donner « de mes nouvelles que quand j'aurai expié mes « fautes passées, et que je me croirai digne d'ob- « tenir son pardon et celui de mon bon oncle « de Luzac. »

— Et il s'en croit donc digne aujourd'hui? observa d'un air de doute le chevalier.

— Oui, mon oncle, il s'en croit digne, et il l'est, je puis vous l'affirmer; car depuis trois ans qu'il est venu me trouver en Afrique, où je travaillais à des études de chemins de fer et où il était venu pour s'engager dans les spahis, je l'ai recueilli auprès de moi, je l'ai fait travailler avec moi, et je vous garantis qu'il a subi des épreuves suffisantes pour affirmer sa complète conversion. Adhémar, qui l'a vu depuis deux mois et qui était dans le secret, peut vous le dire comme moi : non, ce n'est plus ce jeune homme étourdi, ne songeant qu'à passer le temps dans les plaisirs et dans les divertissements. Il est aujourd'hui grave, rangé, sérieux, et, ce qui achève son éloge, excellent chrétien, plein de foi et de piété. Voilà ce qu'Adhémar et moi nous pouvons vous affirmer.

— S'il est tel que tu le dis, je ne demande pas mieux, dit le chevalier, que d'oublier le passé et de lui rendre mon amitié.

— Avec la main de sa chère Berthe?

— Oh! pour ceci, c'est autre chose; je ne hasarderai pas le bonheur de ma fille en la confiant à un étourdi qui peut bien s'être amendé, mais qui pourrait n'être pas encore guéri et retomber un de ces quatre matins.

— Allons, mon oncle, ne pardonnez pas à demi; je me porte garant de sa conduite à venir. Vous savez que je n'ai pas l'habitude de faire légèrement de semblables promesses.

— Et moi aussi, mon père, dit Adhémar, je vous garantis que vous n'aurez jamais à vous repentir de lui avoir donné la main de ma sœur; songez qu'il ne faudra plus que ce mariage pour que, de trois cousins que nous étions, nous soyons trois frères.

— Allons, mes enfants, je ne saurais vous résister plus longtemps; mais où est-il? quand viendra-t-il ? Qu'il arrive donc, s'il veut qu'on lui pardonne.

— Il est ici près, dit l'abbé, à l'église, où il a voulu attendre au pied de l'autel que ses parents lui pardonnent comme Dieu lui a déjà pardonné. Je cours le chercher. »

Un instant après, Adhémar rentrait au salon en donnant la main à son cousin. Celui-ci se précipita aux pieds de sa mère en lui disant :

« Ma mère, j'ai péché contre le Ciel et contre vous; daignez me pardonner, car mon repentir est grand. »

La mère, sans lui répondre, le releva en le tenant longtemps embrassé et en versant d'abondantes larmes, qui se confondaient avec celles que son fils répandait.

Tout le monde pleurait aussi en voyant cette scène touchante, et le vieux chevalier de Luzac lui-même, saisissant vivement la main de son neveu et s'efforçant de contenir son émotion, qui rendait ses yeux humides :

« Donne-moi ta main, mon fils, lui dit-il; oui, maintenant je crois à ton repentir, et je te re-connais pour le chef de la famille, le baron de

Noironte. Berthe, embrasse ton cousin, et bientôt ton mari. »

Deux mois après, les deux cousins épousèrent les deux sœurs. Cinq ans se sont écoulés depuis cette époque ; nous pouvons affirmer que le baron est resté fidèle à ses promesses , et qu'il s'efforce de réparer, autant qu'il est possible de le faire, le temps qu'il a perdu dans sa jeunesse.

FIN

TABLE

DES CHAPITRES

I. — La famille de Noirohte. 1

II. — Les trois cousins. 19

III. — Au collége. 34

IV. — Une conférence sur le prix et l'emploi du temps. 53

V. — La sortie du collége. 77

VI. — Le retour de l'enfant prodigue. 101

Tours, — Impr. MAME,

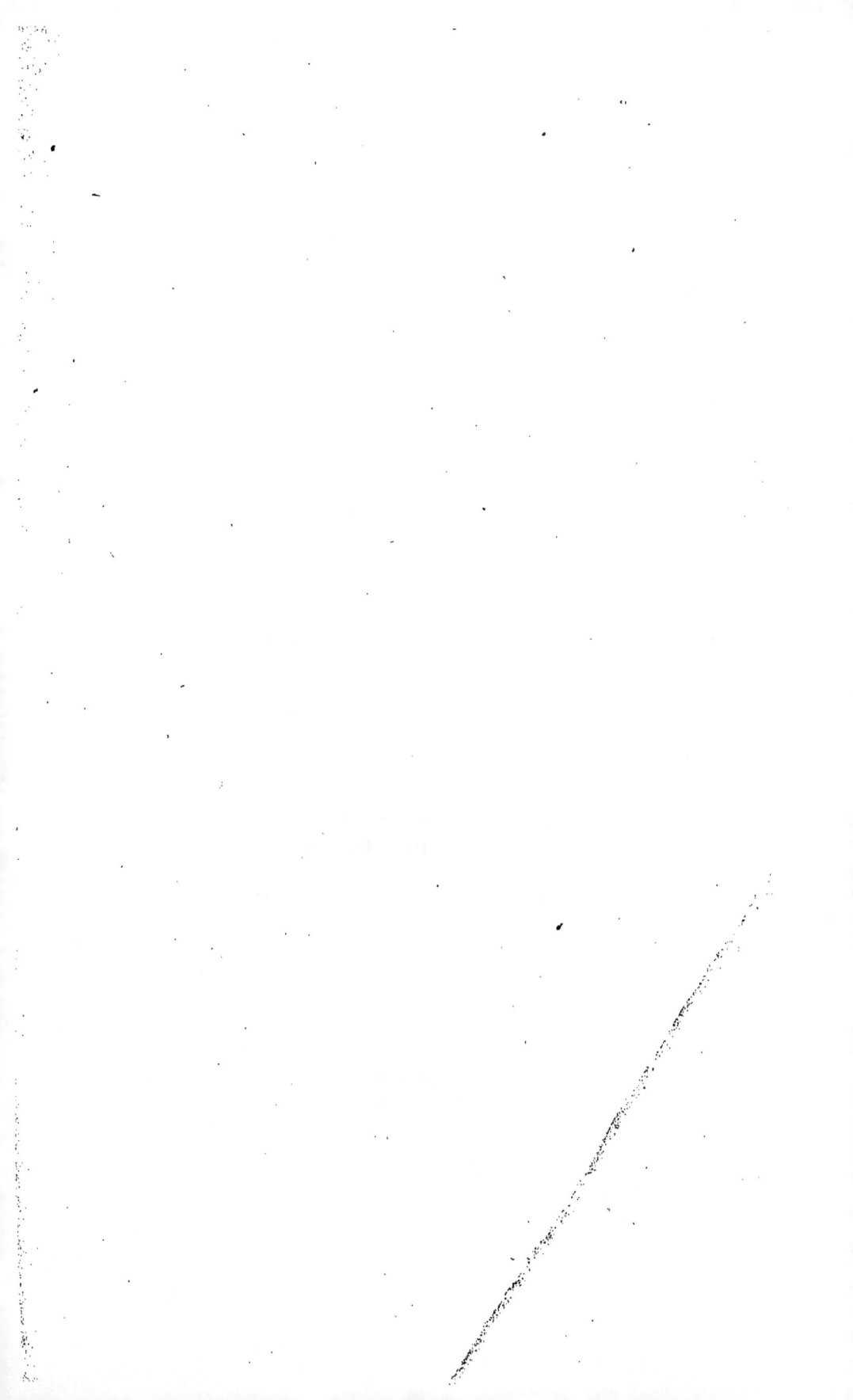

BIBLIOTHÈQUE

DE LA

JEUNESSE CHRÉTIENNE

— ∘o⦚⋆⦚o∘ —

FORMAT PETIT IN-8º

ADOLPHE, ou Comment on se corrige de l'Étourderie, par Étienne Gervais.

ANSELME, par Étienne Gervais.

ANTONIO, ou l'Orphelin de Florence, par L. F.

BARQUE DU PÊCHEUR (la), par L. F.

BASTIEN, ou le Dévouement filial, par Mᵐᵉ Césarie Farrenc.

BATELIÈRE DE VENISE (la), par Mˡˡᵉ Louise Diard.

CHAUMIÈRE IRLANDAISE (la), par L. F.

ÉLISABETH, ou la Charité du pauvre récompensée, par M. d'Exauvillez.

ÉLOI, ou le Travail, par Étienne Gervais.

EMMA ET ADÈLE, par Mˡˡᵉ Anna Roch.

EXILÉES DE LA SOUABE (les), par Mˡˡᵉ Louise Diard.

HENRIETTE, ou Piété filiale et Dévouement fraternel, par Stéphanie Ory.

JUDITH, ou l'une des Mille Merveilles de la Providence, par M. l'abbé Henry, directeur général au petit séminaire de Langres.

PAUL ET BÉATRIX, ou les heureuses Vacances, par Frédéric de Valserres.

SOLITAIRE DU MONT CARMEL (le), Épisode des premiers temps du Christianisme.

TANTE MARGUERITE (la), par Marie-Ange de T***.

TROIS COUSINS (les), ou le Prix du temps, par Théophile Ménard.

VACANCES DE NATALIE (les), par Mᵐᵉ Valentine Vattier.

VIERGE DES CAMPAGNES (la), ou Vie de la bienheureuse Oringa, par M. l'abbé Henry, directeur général au petit séminaire de Langres.

www.ingramcontent.com/pod-product-compliance
Lightning Source LLC
Chambersburg PA
CBHW072118090426
42739CB00012B/3010